OS VALORES E AS ATIVIDADES CORPORAIS

Dados Internacionais de Catalogação na Publicação (CIP)
(Câmara Brasileira do Livro, SP, Brasil)

Vários autores.
Os valores e as atividades corporais / David Rodrigues, (org.).
São Paulo: Summus, 2008.

Bibliografia
ISBN 978-85-323-0472-8

1. Atividade física 2. Corpo humano 3. Educação física 4. Identidade 5. Saúde - Promoção 6. Valores (Ética) I. Rodrigues, David.

07-10305   CDD-613.71

Índices para catálogo sistemático:

1. Corpo e movimento: Atividades físicas: Aptidão física: Promoção da saúde   613.71
2. Movimento e corpo: Atividades físicas: Aptidão física: Promoção da saúde   613.71

Compre em lugar de fotocopiar.
Cada real que você dá por um livro recompensa seus autores
e os convida a produzir mais sobre o tema;
incentiva seus editores a encomendar, traduzir e publicar
outras obras sobre o assunto;
e paga aos livreiros por estocar e levar até você livros
para a sua informação e o seu entretenimento.
Cada real que você dá pela fotocópia não autorizada de um livro
financia um crime
e ajuda a matar a produção intelectual de seu país.

OS VALORES E AS
ATIVIDADES
CORPORAIS

DAVID RODRIGUES (ORG.)

summus editorial

OS VALORES E AS ATIVIDADES CORPORAIS
Copyright © 2008 by autores
Direitos desta edição reservados por Summus Editorial

Editora executiva: **Soraia Bini Cury**
Assistentes editoriais: **Bibiana Leme e Martha Lopes**
Capa, projeto gráfico e diagramação: **Gabrielly Silva**

Summus Editorial
Departamento editorial:
Rua Itapicuru, 613 – 7º andar
05006-000 – São Paulo – SP
Fone: (11) 3872-3322
Fax: (11) 3872-7476
http://www.summus.com.br
e-mail: summus@summus.com.br

Atendimento ao consumidor:
Summus Editorial
Fone: (11) 3865-9890

Vendas por atacado:
Fone: (11) 3873-8638
Fax: (11) 3873-7085
e-mail: vendas@summus.com.br

Impresso no Brasil

SUMÁRIO

APRESENTAÇÃO 7
David Rodrigues

1. CORPO, TÉCNICA E IDENTIDADE 11
David Rodrigues

**2. IDENTIDADE E LIMITE NO ESPORTE
CONTEMPORÂNEO: A ÉTICA DO COMPETIR
E DO VENCER** 27
Kátia Rubio

**3. UM MUNDO MELHOR, UMA OUTRA
EDUCAÇÃO FÍSICA** 51
João Batista Freire

**4. REFLEXÃO SOBRE OS CONCEITOS DE SAÚDE
E DOENÇA** 75
Gonçalo M. Tavares

**5. CORPO E IMAGEM: COMUNICAÇÃO,
AMBIENTES, VÍNCULOS** 95
Norval Baitello Junior

6. CORPO, VIGILÂNCIA, CONTROLE **113**
   Paulo Cunha e Silva

7. DO CORPO À CORPOREIDADE:
   A ARTE DE VIVER O MOVIMENTO NO ESPORTE **127**
   Wagner Wey Moreira, Eline T. R. Porto,
   Michele Carbinatto e Regina Simões

8. HABEAS CORPUS **147**
   Rui Machado Gomes

9. OS VALORES DA INTELIGÊNCIA HUMANA NO
   CONTEXTO DAS ATIVIDADES CORPORAIS: UM
   MODELO TEÓRICO DA INTELIGÊNCIA MOTORA **179**
   Ruy Jornada Krebs

APRESENTAÇÃO

MADE IN CORPO (100% SONHO)

Ouve-se o corpo sem som
e vê-se de olhos fechados.
O corpo faz-se presente
na mansidão do silêncio
e no recato da escuridão.

Mas a sua enganadora quietude
disfarça uma girândola de fogo
sonhando atingir o ápice do céu.
Só durante esta viagem
vai descobrir quem é:
quantos ritmos, timbres, cores,
aromas e formas tem,
e também quanto amor
pode dar e receber.
Enquanto não provar o céu,
é um corpúsculo de larva
a sonhar a borboleta.

Nada alberga tanto de sonho
como o corpo que somos.

DAVID RODRIGUES, *Espírito de corpo: textos prensados*, 2006.

Espectadores atentos e pensadores inquietos, os autores que contribuem para este livro não pretendem consolidar idéias feitas sobre o que é a corporeidade. Quando falamos das "qualidades do corpo", que designamos pelo termo "corporeidade" (o sufixo "dade" tem essa conotação de quali*dade*), é impossível defender um discurso consolidado, positivista e inequívoco sobre todas as significações e concepções que acompanham esse termo.

Não procuramos idéias feitas, procuramos sobretudo entender como é que o corpo é vivido e entendido num mundo desigual, complexo e contraditório. Procuramos construir uma visão diferente da que tem acompanhado o corpo ao longo dos anos. Não nos arrogamos a clarividência da "desconstrução", dado que entendemos que a análise das linhas de força constitutivas dos conceitos sobre os quais nos debruçamos é, ela própria, provisória e certamente levanta novas construções (e não uma "desconstrução") feitas sob outra ordem de princípios.

O conjunto de textos que este livro integra é, pela sua diversidade e pelos diferentes pontos de que se toma a vista, um exercício de complementaridade. Não de ecletismo, de *anything goes*, mas de um conjunto de visões sobre o(s) corpo(s) que se apresentam como fortemente complementares e, assim, imprescindíveis umas às outras. Falamos todos de formas diferentes do mesmo corpo ou falamos de corpos diferentes?

Nosso leitor é, assim, convidado a fazer um exercício sobre a originalidade de cada autor, mas também sobre sua identidade. Como se uma parte da identidade de suas idéias precisasse de outras identidades para poder ficar mais completa e coerente.

Para procurar essa identidade e conhecer essas diferenças, reunimos no mesmo livro um conjunto de autores ligados por interesses e culturas e separados por culturas e interesses. O poeta Carlos Drummond de Andrade afirmou um dia que "Portugal e o Brasil se encontram separados por uma língua comum" — requintada metáfora sobre a identidade e a diferença dos dois países. Autores do Brasil e de Portugal, separados e unidos por culturas comuns, escreveram sobre os valores das práticas corporais no princípio do século XXI.

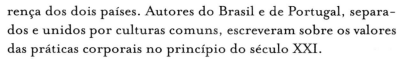

É certamente um pensamento comum a todos os autores que esse conjunto articulado de textos procure contribuir para ultrapassar uma aparente e bizarra oposição entre quem pratica atividades corporais (e por isso não pensa nelas) e quem pensa em atividades corporais (e portanto é um "filósofo" sedentário). A reflexão sobre o que fazemos, sobre nosso conceito de motricidade, sobre o que convidamos os outros a fazer ou, ainda, sobre o que partilhamos em termos de reflexão sobre o corpo não pode ser espremida em estreitos compartimentos disciplinares. O corpo não tem proprietários. De modo que o conjunto de autores, só pelo fato de terem escrito este livro em conjunto, mostra que a reflexão sobre o corpo e a motricidade não é interdita a ninguém nem a nenhuma área disciplinar, mas constitui um espaço amplo de reflexão no qual todas as áreas científicas têm uma palavra complementar e pertinente.

Este livro não tem preocupações metodológicas. Não ensina a fazer nada e talvez nem mesmo ensine a pensar no sentido estrito do termo. Tem a ambição de tornar familiar o que antes não o era e de analisar os diferentes olhares sobre o corpo. É aqui que reside certamente a utilidade deste livro para as pessoas que desenvolvem, no cotidiano, atividades corporais: apesar de não apontar metodologias, ele aponta caminhos, princípios de entendimento das práticas sem os quais as atividades corporais seriam meramente formais e "exteriores".

"Não há nada mais prático do que uma boa teoria".[1] Que experiências corporais serão propostas se não tivermos refletido sobre o conceito de corpo ou de atividade corporal e motora que pretendemos incrementar? Leontiev afirmou: "na atividade o objeto é transformado em forma subjetiva; ao mesmo tempo, a atividade é convertida em resultado objetivo ou produto". A compreensão que presidiu à elaboração deste livro é a de que uma atividade corporal é simultaneamente produto e objeto de análise. O pensamento "metodológico" é muito limitador se não for fundamentado em princípios e baseado em reflexão. Nunca antes foi tão importante falar de princípios quanto agora, quando toda a atenção dos discursos está voltada para as "metodologias". Talvez seja preciso deixar de pensar que as "metodologias" conduzem às práticas e passar a considerar que os valores e princípios conduzem a heurísticas (vistas como percursos de descoberta e indagação) de intervenção.

É este, possivelmente, o objetivo maior e comum deste livro: partilhar reflexões que podem se tornar *heurísticas de intervenção* em qualquer um dos campos das atividades corporais (dos esportes à educação, à expressão ou às terapias de mediação corporal).

Como organizador deste livro, não posso deixar de celebrar as generosas vontades que se congregaram aqui, desde a da editora Summus até a de cada um dos autores que, de forma entusiasta e legitimamente acadêmica, ofereceram sua melhor reflexão aos leitores.

A todos agradeço, com todos evoco a nobreza e a alegria — mas também a fragilidade e a vulnerabilidade — do corpo, a única maneira que temos e conhecemos de estar no mundo.

DAVID RODRIGUES

NOTA

1. LEVIN, K. *Field theory in social science: select theoretical papers*. Nova York: Harper, 1951.

1 CORPO, TÉCNICA E IDENTIDADE

David Rodrigues

INTRODUÇÃO

O corpo humano, apesar de parecer o mesmo há milhares de anos, tem uma história. Não uma história que se debruça sobre as alterações morfológicas e funcionais que ele sofreu ao longo da evolução filogenética, mas sim uma que o acompanha e analisa os valores, as concepções e os conceitos que sobre ele se construíram ao longo da trajetória recente da humanidade. Nesse sentido, ainda que pareça ser exteriormente o mesmo de antes, o corpo congrega e exprime valores nitidamente diferentes daqueles que o caracterizavam há algumas dezenas de anos.

Esses inúmeros valores e significados atribuídos ao corpo são fruto de uma construção social influenciada pelos valores, práticas, confluências e conflitos das sociedades em que cada corpo se desenvolve e vive. Essa perspectiva histórica, que realça a participação social na construção dos conceitos, é designada como *construtivismo social*. A visão do construtivismo social talvez possa ser sintetizada na frase de um de seus mais importantes criadores, Kenneth Gergen (1994, p. 413):

> *A compreensão que temos do mundo e de nós próprios é elaborada através da utilização de instrumentos sociais, histórica e culturalmente situados, e que variam de pessoa para pessoa. Assim, o grau em que nós desenvolvemos e sustentamos uma determinada visão do mundo e de nós próprios não depende da validade "objectiva" da realidade mas das vicissitudes mutáveis e imprevisíveis dos processos sociais.*

Segundo Castañon (2005), o construtivismo social funda-se em três princípios essenciais: primeiro, a realidade vista como dinâmica e sem leis imutáveis; segundo, o conhecimento como uma construção social, ligado fortemente a comunidades históricas e lingüísticas; terceiro, o conhecimento científico como determinado pelas vicissitudes da história das sociedades em que esse conhecimento floresce. Existe uma espécie de simetria entre a história e a ciência, por meio da qual se percebe a leitura do desenvolvimento da segunda como ineluctavelmente influenciada pelo curso da primeira. Transpondo esse conceito para os entendimentos que foram sendo elaborados sobre o corpo, este pode ser entendido como um conceito mutável em função da construção social e científica que cada época — com sua cultura e suas idiossincrasias — faz sobre ele, como um corpo que se concebe no contexto simétrico das condições sociais.

O conceito de corpo encontra-se intimamente ligado ao de técnica. Esse aspecto é particularmente sensível nas culturas ditas "ocidentais", em que a evolução da técnica assumiu, sobretudo nos últimos séculos, um grau de produção e disseminação inusitado quando comparado com outras culturas mundiais. O tipo de raciocínio lógico e tecnológico desenvolvido principalmente pelas culturas européias permitiu-lhes um marcante avanço tecnológico em algumas das áreas mais importantes da atividade humana, procurando superar os condicionalismos colocados pela natureza.

Também, de certa forma, o corpo humano sempre foi entendido como algo a ser superado. Confrontado com a escassez de seu período de vida, com sua vulnerabilidade, com as doenças, com a inclemência dos elementos naturais ou com seus inimigos, o ser humano sempre encontrou a resposta para a sobrevivência e o progresso na superação do corpo. Superar sua fragilidade começou como uma condição de sobrevivência e terminou se revelando igualmente um fator decisivo de evolução. Essa superação do corpo é vital, uma vez que reconhecidamente os antepassados filogenéticos do *Homo sapiens* não eram seres dominantes em seu ambiente. Pelo contrário, sua fragilidade obrigou-os a procurar soluções "inteligentes", ágeis e diversificadas para fazer face às freqüentes e reais ameaças a que estavam sujeitos. Essa procura e versatilidade constituíram certamente uma das molas mais decisivas para o desenvolvimento do que hoje chamamos *inteligência* e *humanidade*. A fragilidade é a chave da evolução e motivou a capacidade de criar e usar instrumentos, assim como de desenvolver comportamentos individuais e sociais, fatores que permitiram ao homem ser hoje uma espécie dominante e bem-sucedida cultural e biologicamente. A superação do corpo foi realizada em larga medida pelo uso de diferentes técnicas que permitiram a criação de extensões, prolongamentos e ampliações de suas funções.

Mas que relação estabelece o corpo com a tecnologia? Será essa talvez uma das chaves para visitar as diferentes concepções que distintas épocas elaboraram sobre o corpo humano? Organizaremos essa visita em três momentos: o período pré-industrial, o período industrial e o período pós-industrial. No final deste capítulo, faremos algumas considerações sobre as implicações que os valores da sociedade atual podem ter no nascimento, na manutenção e no significado das práticas corporais emergentes.

O CORPO PRÉ-INDUSTRIAL

Durante séculos, todas as técnicas que o homem produziu e utilizou tinham o corpo como referência e padrão. Ele foi o que podemos considerar "a medida de todas as coisas". O célebre desenho em que Leonardo da Vinci inscreveu o corpo humano simultaneamente numa circunferência e num quadrado é um bom exemplo visual dessa concepção, que visava à promoção da perfeição e do arquétipo do corpo humano.

Ainda hoje, importantes vestígios na linguagem e conceitos de espaço e tempo, bem como representações da realidade, reportam-se ao corpo como unidade de medida e referência. As distâncias são medidas em palmos, pés, polegadas, braçadas, dias de caminhada; o tempo é medido em "dias de trabalho necessários"; a força é medida em homens. A força, o tempo e as distâncias são exemplos de como as dimensões e possibilidades do corpo eram as unidades de medida que permitiam avaliar o mundo. Uma tarefa, por exemplo o cultivo de um campo, era avaliada em função do número de horas ou dias que determinado número de homens demoraria a cumpri-la.

O corpo como "medida de todas as coisas" pertence a uma época em que existia uma relação, digamos, simbiótica entre técnica e corpo. Essa proximidade implicava a possibilidade de uma única pessoa dominar, devido à pouca sofisticação da técnica, todos os procedimentos necessários para prover as suas necessidades de sobrevivência, possuir conhecimentos para fazer e reparar os instrumentos necessários para seu cotidiano e vida social, ser capaz de construir sua casa ou abrigo. O núcleo familiar era praticamente auto-suficiente, sendo capaz de produzir comida, construir abrigos, deslocar-se, educar os filhos etc. Quando as tarefas se tornavam demasiado complexas para ser asseguradas por um único indivíduo ou por uma única família, grupos de pessoas juntavam esforços e forças para esses objetivos (por exemplo, defesa ou grandes construções), o que lhes permitia aumentar sua capacidade de enfrentar adversidades. O corpo não deixava, nessas situações, de ser a referência da produção técnica: seu poder aumentava aritmeticamente pela agregação de outros corpos, que basicamente acrescentavam força e poder, mas raramente especialização.

O corpo pré-industrial usava a técnica numa submissão estrita aos limites que lhe eram impostos pela natureza. Procurava se relacionar com a natureza com base em modelos muito simples, usando e melhorando o que podia fazer com as técnicas e recorrendo à soma de esforços que a comunidade ou o grupo poderia trazer.

Nessa época, a técnica situava-se na destreza, no uso das mãos e na força que tinha o poder de mobilizar. E o homem era a medida da técnica e do trabalho.

O CORPO INDUSTRIAL

No princípio e ao longo do século XIX, ocorreu na Europa uma importante mudança nos modelos de produção conhecida por Revolução Industrial. O advento da máquina a vapor e as inovações subseqüentes modificaram enormemente o modelo pré-industrial que existira até então.

As modificações são de várias ordens. As medidas de tempo, distância e trabalho, por exemplo, deixam de fazer referência ao corpo. A medida de comprimento deixa de ser o pé ou a polegada, substituídos por uma unidade internacional, globalizada, que faz referência às dimensões do planeta Terra: o metro, definido como a décima milionésima parte do quarto do meridiano terrestre. O trabalho deixou de ser planejado em homens/hora e começou a ser avaliado apenas em horas. A unidade de trabalho deixou de ser a tarefa a completar e passou a ser o número de horas que o trabalhador consumia para realizar essa tarefa.

Outro aspecto muito importante foi o advento das linhas de montagem, forma de produção que constituiu o *ex-libris* do modelo industrial e ficou conhecida pela organização "fordista" ou "taylorista" do trabalho. As linhas de montagem consagram a incapacidade de o corpo poder assegurar por si só as tarefas inerentes à produção de objetos e instrumentos, que passam a exigir uma complexidade inédita, como o automóvel. Nas linhas de montagem, confina-se a capacidade produtiva de um homem a determinado componente ou a uma função específica, uma parcela de uma concepção técnica maior, cuja concepção total escapa ao trabalhador individual. O trabalhador fica, assim (como perspicazmente notou Karl Marx), separado (alienado) do objeto que produz, uma vez que não controla o conhecimento necessário para completar sua produção. Para se tornar possível e rápido, o trabalho se torna repetitivo, e o corpo humano parece uma mera peça de uma gigantesca máquina que, além de componentes mecânicos, integra componentes biológicos. Essa situação foi magistralmente documentada por Charlie Chaplin no filme *Modern times* [*Tempos modernos*]. Não se trata, pois, de juntar mais homens para executar uma tarefa de maior relevância, mas sim de especializar cada homem e cada corpo numa tarefa restrita e especializada.

Assim, o corpo "antigo" apresenta-se como insuficiente e incapaz para as novas tarefas que dele se esperam. É preciso desenvolver a "formação" e o "treino" para que ele seja capaz de enfrentar os novos desafios. A técnica deixa de estar sediada num corpo hábil, capaz de produzir um instrumento, e passa a precisar de um corpo parcelado, mecanizado, sem habilidade e sem um conhecimento global para completar o trabalho em que está implicado (Le Breton, 2004). Torna-se, assim, um corpo obsoleto (*obsolento*), incompleto e incapaz de, por si só, produzir um objeto. O artista plástico australiano Stelarc fez uma síntese dessa posição ao afirmar: "É tempo de nos perguntarmos se um animal bípede que tem um corpo biológico e respira, possuindo uma visão binocular e um cérebro de 1.400 cm^3 é actualmente uma forma biológica adequada".

A afirmação de Stelarc chama-nos a atenção para o descompasso entre o que hoje se pede ao corpo e aquilo que ele é capaz de dar. Na verdade, criou-se, entre as exigências externas e as possibilidades de resposta, um fosso (*gap*). Assim, a vida contemporânea exige que façamos movimentos mais rápidos do que nosso corpo pode fazer, que falemos mais longe que nossa voz pode alcançar, que possuamos mais informação que nosso cérebro é capaz de guardar. Para ultrapassar esse desnível entre o que nos é exigido e o que conseguimos fazer, criamos as próteses corporais (Babo, 2004). Nessa perspectiva, as próteses corporais são todos os recursos tecnológicos que permitem ao corpo responder às crescentes solicitações do entorno (automóvel, celular, computador, fax, escâner etc.).

É espantosa a velocidade com que essas próteses corporais se desenvolveram. Se compararmos a fotografia de um soldado da Primeira Guerra Mundial com a de um soldado que participou, oitenta anos depois, da Guerra do Golfo, ficaremos extasiados com o avanço que as próteses corporais tiveram. O que o primeiro soldado vê é infinitamente inferior ao que vê o segundo soldado (incluindo visão noturna). Comunicação, precisão de ataque, proteção, alimentação, vulnerabilidade, localização, conforto e poder são radicalmente diferentes passados oitenta anos.

Essas mudanças ocorreram igualmente no homem comum. A tecnologia em forma de prótese corporal inundou nossa vida cotidiana, e sua ausência implica menor participação na sociedade contemporânea. Fala-se, por exemplo, em "infoexclusão" (falta de acesso aos meios informáticos). Se há dez anos quase ninguém tinha celular, hoje em dia o fato de alguém não possuir esse aparelho passou a ser visto como uma excentricidade. Não é possível participar de sociedades industriais complexas sem possuir ou ter acesso a equipamentos que compensem o fosso entre o que é esperado de uma pessoa e o que ela é capaz de fazer recorrendo exclusivamente às possibilidades de seu corpo.

A aplicação da técnica à produção e a conseqüente organização social produziram resultados divergentes: por um lado, permitiram que largas camadas da população tivessem acesso a meios de conforto e de qualidade de vida como nunca antes;

por outro lado, originaram uma enorme desigualdade entre os países que possuíam e os que não possuíam essa tecnologia. Em 1820, por exemplo, a diferença de riqueza entre os países pobres e os ricos era de 3 para 1; em 1913, de 11 para 1; em 1950, de 35 para 1; em 1992, de 72 para 1.

A era industrial terminou com a concepção de corpo como entidade auto-suficiente. Ele tornou-se um fragmento, uma parte de um sistema de produção mais complexo, o que conduziu à sua descaracterização e perda de identidade. O corpo é desvalorizado — pelo menos como instrumento de produção e portador de uma identidade produtiva. É conhecida a frase: "A peça do computador que apresenta mais avarias é a que fica entre a mesa e a cadeira".

Não é possível falar, no entanto, de uma desvalorização generalizada do corpo, até porque em diversos domínios (nomeadamente na medicina) ele sempre foi e continua a ser uma "mina de ouro" de descobertas. Ao mesmo tempo em que o corpo era, sob o ponto de vista produtivo, desqualificado, subalternizado e privado da sua identidade, noutros domínios continuava cotidianamente a ser local de descoberta de maravilhas. Vale a pena fazer o teste e observar como ainda hoje todos os jornais diários (com possíveis e irrelevantes exceções) noticiam as novas descobertas sobre o corpo. Seja sobre o genoma humano, seja sobre a forma de comportamento do sistema imunológico em face de determinada doença ou sobre a obesidade, todos os dias recebemos notícias que contribuem para uma valorização do corpo como entidade complexa e multidisciplinar.

Na sociedade industrial, o corpo está entre a desvalorização produtiva e a valorização como sistema complexo à medida que são descobertas sofisticadas regulações bioquímicas, energéticas, metabólicas, comportamentais e até mesmo sociológicas e antropológicas.

A arte, em particular a pintura e a escultura, apresentou ao longo do século XX um notável registro das mudanças no entendimento do corpo. Tal registro teve um momento de viragem e inovação em 1907, quando Pablo Picasso pintou *Les demoiselles d'Avignon*. A partir daí, a representação do corpo nunca mais pôde ser identificada com a cópia do original (para isso já fora inventada a fotografia) nem com a procura do belo. Como o pintor Paul Klee afirmou, "a função da arte não é reproduzir o visível mas sim *tornar* visível o invisível".

Na pintura de Picasso e na de tantos outros artistas subseqüentes, o corpo é representado como uma forma, uma entidade "desconstruída", fragmentada, dividida em peças, por vezes lembrando um quebra-cabeça, outras vezes dispersa em estilhaços. Talvez seja essa uma analogia à maneira como as sociedades industriais poderosas de então dividiam o corpo dos trabalhadores em tarefas nas linhas de montagem e, dessa forma, promoviam uma fragmentação das capacidades de seu corpo e de sua identidade.

A arte mostrou também como o corpo é um conceito multidimensional e como ele pode ser visto concomitantemente de diferentes perspectivas. Lembremos que nas representações da figura humana, por exemplo em Picasso, encontram-se elementos representados em diversos planos — nomeadamente nos planos frontal e sagital (em um rosto, o nariz representado de frente e um olho de perfil). O corpo deixa de ter uma única perspectiva de análise e passa a poder ser visto simultaneamente, a coexistir com diferentes ângulos e perspectivas.

Ao longo do século XX, muitas concepções sobre o corpo foram sendo protagonizadas pela arte. O corpo surge, assim, umas vezes glorificado, outras destroçado; umas vezes como presença forte, outras como ausência. Diferentes correntes artísticas deram notícia sobre pensamentos e "construções" a respeito do corpo, nomeadamente o expressionismo, a *body art*, a *pop art*, o hiper-realismo etc. Todas as formas de arte (a literatura, o cinema etc.) documentaram essas mudanças no entendimento do corpo, bem como as direções que esses conceitos estavam tomando.

O CORPO PÓS-INDUSTRIAL

O termo "pós-industrial" tem sido usado numa acepção semelhante à de pós-moderno. Um e outro são conceitos polêmicos de uma discussão mais aprofundada, que não cabe no âmbito deste texto. Usaremos "pós-industrial" na acepção de um conjunto de mudanças epistemológicas, sociológicas e tecnológicas que permitem apontar para um conjunto de valores e práticas distintos dos que eram prevalecentes na sociedade industrial, de lógica exclusivamente positivista. Essa nova forma de organizar valores teve certamente efeitos na maneira de pensar e encarar o corpo.

Antes de tudo, assume-se definitivamente que o corpo não é mais o elemento fundamental de produção. Já tendo sido visto como suficiente ou insuficiente, o corpo afirma-se agora não por sua destreza produtiva (muito afetada pela disseminação das próteses corporais), mas sim pela manifestação de uma identidade própria. A artista Barbara Kruger afirmou, em 1989, que "o corpo é um campo de batalha", na medida em que representa uma confluência de valores diversos, conflituosos e, por vezes, opostos. A moral e a sexualidade, a disciplina e a exuberância, o pessoal e o social são algumas das tensões que permanentemente fazem do corpo um campo de batalha. O corpo se tornou um campo crescente de resistência contra a despersonalização e a homogeneidade que a sociedade industrial encorajou. Essa resistência é assumida de muitas e variadas formas. A moda, por exemplo, assume atualmente um protagonismo inusitado para largas camadas da população, como forma de assunção ou recusa de certas identidades. Outra forma de identidade corporal são as identidades corporais impressas (ICI), tais como *piercings* e tatuagens. Outras poderiam ser citadas, como os modelos positivos de deficiência ou mesmo a idade – o que Beck chamou de "idadismo" (*ageism*) (Rodrigues, 2006; Stoer, Rodrigues e Magalhães, 2004). Todos esses exemplos nos mostram como o corpo, em nossos dias, não é encarado como uma peça produtiva, mas sobretudo como uma afirmação positiva da diferença perante a sociedade. Afirmação positiva relaciona-se às atitudes de pessoas e grupos sociais minoritários que durante muito tempo foram objeto de exclusão, sentindo-se desencorajados e reprimidos para exprimir sua identidade (caso de homossexuais e pessoas deficientes). Hoje os chamados modelos afirmativos levaram as pessoas e os grupos a parar de se culpar e de se inferiorizar pelo fato de terem morfologias ou comportamentos corporais distintos da maioria. O que pessoas e grupos "afirmativos" dizem é: "Sim, sou homossexual. E daí?" Essas minorias, antes silenciadas e invisíveis, passam a mostrar publicamente sua mudança de pensamento e atitude.

Assim, o corpo deixou de ser uma "conseqüência" que precisava ser domesticada e se tornou um "agente" com autonomia, que exprime uma identidade. Merleau-Ponty defendeu essa perspectiva ao sustentar que o corpo tem lugar para a infração, para quebrar as regras, mesmo que viva em espaços estritamente disciplinadores e socialmente determinados (Levin, 1989; Radley, 1995).

Na era industrial, o corpo era encarado numa perspectiva dualística e cartesiana, como mero executante do "eu" social e psicológico (Sérgio, 1987). Na sociedade contemporânea, o corpo é visto como agente: não mero executante do que lhe é transmitido, mas parte integrante de um comportamento humano que, por natureza, é uno. Freqüentemente, o corpo evidencia uma assinalável autonomia em relação a outras áreas que em princípio poderíamos julgar que têm supremacia sobre ele. Por exemplo: "Quero fazer dieta, mas meu corpo não deixa", "Tenho um problema sexual (impotência, frigidez), sei o que devo fazer, mas na hora o corpo fala mais alto", "Hoje fiz a vontade do meu corpo" etc.

Não é possível lançar um olhar contemporâneo ao corpo como se ele fosse um todo coerente, obediente e bem comportado — é necessário percebê-lo como conflituoso, autônomo, suscetível de ser tentado e tentador.

O CORPO E AS PRÁTICAS CORPORAIS

As práticas corporais foram e são fortemente influenciadas pelos conceitos sobre o corpo. Conceitos de higiene, ludicidade, rentabilidade, expressividade e educação sobre o corpo influenciaram o aparecimento e o desaparecimento de determinadas práticas corporais. A riqueza do movimento humano (vista como educação, desempenho, reabilitação, expressão etc.) foi sendo sistematizada em técnicas corporais (Mauss, 1980) que em interação com os valores culturais e sociais criaram práticas com vida mais ou menos efêmera (como o esporte).

No princípio do século XXI, assistimos a sensíveis alterações na forma como se realizam as práticas corporais e no que se procura com elas, bem como em seus objetivos. Algumas dessas práticas encontram-se em fase de progresso.

Hoje, existe maior procura de atividades na natureza. Talvez porque as preocupações ecológicas, que parecem ter cada vez mais fundamento, influenciem as pessoas a "fazer as pazes" com a natureza, da qual andaram distantes. Essas atividades talvez tenham um impacto positivo restrito na natureza, mas certamente têm um efeito positivo na consciência de quem as pratica. As atividades na natureza representam talvez a assunção de uma identidade alternativa à daquela adquirida com a vivência em espaços urbanizados, habitados e normalizados, bem como a da visão exploratória e negligente sobre a natureza.

Existe também maior procura de atividades de caráter individual. Esportes individuais (natação, *jogging*, ginástica, tênis, *squash*, golfe, artes marciais etc.) são atividades em que o jogador responde por si com total responsabilidade em seu desempenho. São talvez formas determinantes de afirmação de uma identidade em que o mal ou o bem não são partilhados, mas ficam fundidos à identidade pessoal. Incluem-se aqui as atividades "de academia", isto é, a malhação, forma extrema de identidade em que o corpo, além de se vestir de acordo com a moda, torna-se ele próprio uma moda.

Constata-se igual aumento de procura de atividades que envolvam risco (*rafting*, parapente, asa-delta, *mountain bike* etc.), nas quais, junto com a prática corporal, há a chamada adrenalina, que aumenta a incerteza sobre o resultado e o prazer do praticante. Tais atividades talvez possam também ser entendidas como promotoras de identidade, dado que não existe identidade sem a diferença. Socialmente, as pessoas que praticam essas modalidades de risco (ou "radicais") acabam por adquirir uma aura de diferença que eventualmente facilita a expressão de sua identidade.

Observamos ainda o aumento da procura de atividades corporais que visam ao bem-estar (ioga, tai chi chuan, danças de salão etc.). Trata-se de atividades ostensivamente não competitivas cuja finalidade é proporcionar bem-estar e equilíbrio, excluindo situações extremas de esforço ou risco. Estamos talvez longe do corpo da "malhação", do corpo que tem de ser castigado, privado, contido. Aqui, o corpo é agente e usa sua autonomia para a fruição do prazer, para agir em seu ritmo e mobilizar todas as outras facetas da pessoa.

Essas são, em síntese, algumas das tendências das atividades corporais da sociedade "pós-industrial". Talvez possamos realçar a importância da dupla espiral que é a diferença e a identidade. A procura, a expressão e o reforço de uma identidade por meio das atividades corporais podem assumir variadas facetas que, em princípio, pareceriam contraditórias. Sem experimentar os limites e sem conhecer a diferença não é possível entender a identidade. Assim, as novas tendências de práticas corporais parecem poder ser percebidas como uma afirmação de identidade, fato determinante no entendimento do corpo nessa fase pós-industrial. É importante realçar também a mudança de motivações pela qual as práticas corporais passaram. Os movimentos de "glorificação do corpo" como instrumento esportivo de alto desempenho têm sido progressivamente afastados do cotidiano das populações, ficando confinados a uma área de espetáculo cada vez mais separada da prática regular das pessoas.

Há também um pensamento que procura transformar o esporte em um conceito global, que incorpora todas as práticas corporais. O movimento de exploração que fazem os bebês, as pessoas que se reabilitam, os dançarinos e as pessoas que exprimem suas emoções não pode ser enquadrado no termo "esporte" — a não ser que alarguemos seu significado da mesma maneira que fez Walt Disney com o elefante Dumbo, ao desenhar para ele orelhas tão grandes que lhe permitissem voar. O esporte, como conceito situado no tempo e no espaço, não pode voar à altura de um conceito abrangente de motricidade nem abarcar toda a multiplicidade das práticas corporais que hoje existem. Reduzir todas as práticas corporais ao conceito de esporte seria como avaliar a literatura de um país unicamente pelos *best-sellers* que produziu — isto é, uma enorme pobreza.

Em lugar da prática esportiva tradicional, têm sido incrementadas as práticas que promovem a identidade, afirmam a diferença individual e têm como objetivo central os "cuidados consigo". Trata-se de uma identidade pelo prazer, pela originalidade, pela promoção da saúde como conceito global de qualidade de vida, e não mais pelo corpo "produtivo" e de alto desempenho.

Cabe uma reflexão final sobre o papel efetivamente atribuído ao corpo em nossa sociedade. Nesse campo, parece que as posições são bem divergentes. Por um lado, encontramos cada vez mais expandida uma retórica de caráter fenomenológico, que incentiva a indissolubilidade entre o corpo e a mente. A própria publicidade apregoa: "Você é o que você come", "Quando meu corpo está bem, eu estou bem" etc. Para além dessa perspectiva fenomenológica, existe grande disseminação de idéias e filosofias de outras culturas (indianas, chinesas, africanas), bem como perspectivas psicoterapêuticas de raiz corporal (como a bioenergética), que reforçaram a idéia de que o corpo é parte integrante e complexa da personalidade, e não um simples apêndice que executa o que é preciso e o que lhe mandam.

Por outro lado, muitas das práticas corporais contemporâneas vão no sentido absolutamente inverso ao das anteriores. São práticas em que o corpo é tratado como se fosse algo estranho a nós, que se não for bem tratado pode causar problemas: engordar, adoecer, enrugar, ficar flácido... Trata-se do que se poderia considerar um "neocartesianismo" em que são dadas a supremacia e a prioridade ao ser cognitivo que "por acaso" teve de ter um Corpo e agora deve tratá-lo bem para que ele silencie e não interfira. É o conceito de saúde como o "silêncio do corpo". Sob esse aspecto, os ginásios, as academias e todo o incremento das práticas corporais no geral podem ser enganosos ante a emergência de uma nova concepção sobre o corpo.

O corpo, isto sim, continua a ser um "campo de batalha" onde diferentes concepções se apresentam e muitas vezes conflitam. Enfim mais uma evidência de que o corpo não é uma entidade diferente das personalidades ou sociedades...

Para terminar, deixo algumas questões (cinco, como os dedos em algumas mãos e alguns pés) para reflexão, para que animem a discussão sobre os temas que este artigo tratou:

1. Faz sentido falar de "direitos do corpo"?
2. A técnica libertou o corpo ou o aprisionou de outra maneira?
3. Será que a técnica vai submeter e anular o corpo? O corpo é descartável?
4. A saúde e o esporte podem abrigar os objetivos e as manifestações das atividades corporais?
5. Até onde pode ir a autonomia do corpo?

REFERÊNCIAS BIBLIOGRÁFICAS

BABO, M. A. "Do corpo protésico ao corpo híbrido". *Revista de Comunicação e Linguagens*, Lisboa, n. 33, p. 25-35, 2004.

CASTAÑON, G. A. "Construtivismo e ciências humanas". *Ciências & Cognição*, ano 2, v. 5, 2005. Disponível em: <http://www.cienciasecognicao.org/artigos/v05/m22542.htm>. Acesso em out. 2007.

GERGEN, K. "Exploring the postmodern: perils or potentials?" *American Psychologist*, Washington, n. 49, p. 412-6, 1994.

LE BRETON, D. "O corpo como acessório da presença: notas sobre a obsolescência do homem". *Revista de Comunicação e Linguagens*, Lisboa, n. 33, p. 67-81, 2004.

LEVIN, D. "The body politic: the embodiment of praxis in Foucault and Habermas". *Praxis International*, Duluth, v. 9, n. 1/2, p. 112-32, 1989.

MAUSS, M. "Les techniques du corps". *Sociologie et Anthropologie*, Paris, PUF, 1980.

RADLEY, A. "The elusory body and social constructionist theory". *Body and Society*, v. 1, p. 3-23, 1995.

RODRIGUES, D. "Corporeidade e exclusão social". In: *O corpo que (des)conhecemos*. Lisboa: FMH, 2006.

SÉRGIO, M. *Para uma epistemologia da motricidade humana*. Lisboa: FMH, 1987.

STOER, S.; RODRIGUES,D.; MAGALHÃES, A. *Theories of social exclusion*. Berlim: Peter Lang, 2004.

IDENTIDADE E LIMITE NO ESPORTE CONTEMPORÂNEO: A ÉTICA DO COMPETIR E DO VENCER

Kátia Rubio

INTRODUÇÃO

O esporte como se conhece na sociedade contemporânea surgiu em um momento histórico marcado por condições sociais particulares e foi modelado conforme cânones de prazer e ócio da aristocracia e da burguesia, demonstrando, desde então, tendência a servir como uma tela de projeção da dinâmica social.

Ao longo de mais de dois séculos de existência, as muitas transformações sociais ocorridas nos diferentes continentes provocaram inúmeras reinterpretações — não apenas do gesto esportivo, como das muitas implicações individuais e sociais dos protagonistas dessa atividade.

Na estrutura do esporte contemporâneo, observa-se a reprodução de um modelo liberal que enaltece a vitória, independentemente do contexto em que ela é produzida. Diante das necessidades impostas aos atletas na atualidade, a superação se tornou um princípio e um termo recorrente entre aqueles que desejam marcar a história da modalidade, e a sua própria, tendo para isso de conquistar a primeira colocação.

Essa transformação de atitude levou a uma inexorável alteração na identidade do atleta do século XX. Se no princípio a competição se pautava na busca da glória da superação (de si e do outro), comportamento gerado dentro de uma estrutura social que privilegiava a atitude cavalheiresca, na atualidade a competição e a vitória são um conjunto complexo que envolve visibilidade, fama e dinheiro para o protagonista de um feito pouco comum à maioria da população. Segundo essa lógica, os meios empregados para atingir os resultados justificam os fins. Se na sociedade vitoriana o esporte era visto como uma atividade potencialmente educativa, no mundo contemporâneo ele se transformou em uma das profissões mais rentáveis que existem, destinada a pessoas habilidosas que de alguma forma foram contempladas por uma estrutura que permitiu a visibilidade e a comercialização dessa condição.

Compreender o que faz do esporte contemporâneo uma espécie de narrativa e analisar a transformação de alguns de seus valores morais em função da dinâmica social vivida atualmente são o desafio deste ensaio.

SOBRE O CONTEMPORÂNEO E O PÓS-MODERNO

O momento contemporâneo (como o definem Guareschi, Medeiros e Bruschi, 2003; e Hall, 2001) ou pós-moderno (como desejam Harvey, 1992; Jameson, 1999; Kaplan, 1993; Lyotard, 1989; Souza Santos, 1998) é considerado uma ruptura iniciada pelo modernismo. De acordo com Anderson (1999), o termo "pós-modernidade" foi utilizado num primeiro momento na década de 1930 por Federico de Onís para descrever um refluxo conservador dentro do próprio modernismo literário, surgindo apenas vinte anos depois no mundo anglófono, em um contexto bastante distinto: não como categoria estética, mas de época. Anderson (1999) defende que o pós-modernismo pode ser visto como um campo cultural triangulado em três coordenadas históricas: o destino da própria ordem dominante, a evolução da tecnologia e as mudanças políticas de época. E conclui que ele surgiu da combinação de uma ordem dominante desclassificada, uma tecnologia midiatizada e uma política sem nuanças.

Por sua vez, Lyotard (1989, p. 11) analisa a pós-modernidade como condição do conhecimento nas sociedades mais desenvolvidas e desloca-a para o contexto da crise das narrativas, concebendo o pós-moderno como o "estado da cultura após as transformações que afectaram as regras do jogo da ciência, da literatura e das artes a partir do fim do século XIX". Entende a pós-modernidade não como uma conseqüência ou desdobramento do moderno, mas como um movimento de renovação interna inerente ao moderno como princípio, em que o conhecimento se tornou a principal força econômica de produção numa corrente desviada dos Estados nacionais. A questão central da obra de Lyotard é o debate sobre a criação de um novo referencial epistemológico, capaz de responder às novas condições do conhecimento impostas pelas transformações sociais. O autor defende a tese de que o saber científico é uma espécie de discurso e aponta o quanto as transformações tecnológicas afetam o saber e criam novas linguagens, alterando não apenas a produção do conhecimento mas também o senso comum. E, assim, tanto o saber científico como os avanços tecnológicos apresentam marcos de uma sociedade pós-industrial, terreno fértil em que a pós-modernidade se desenvolve.

Embora necessária no momento contemporâneo, a discussão sobre a pós-modernidade está distante de ser consensual e se dispersa em diversas perspectivas teóricas.

Souza Santos (1998) discute a transição paradigmática que vive a ciência pós-moderna com base em uma dupla hermenêutica: a suspeição e a recuperação. Para o autor, a reflexão hermenêutica torna-se necessária para transformar a ciência: de objeto estranho, distante e incomensurável com nossa vida em objeto familiar e próximo, que não falando a língua de todos os dias é capaz de nos comunicar as suas valências e os seus limites. Souza Santos (1998, p. 10) entende que essa intenção pode ser alcançada na medida em que as partes são compreendidas tendo como referência o todo a que pertencem: "Todo e parte são aqui, de algum modo, uma ilusão mecânica, pois o princípio hermenêutico é o de que a parte é tão determinada pelo todo como o todo o é pelas suas partes".

Daí a cautela em relação aos vários fenômenos sociais contemporâneos (entre eles o esporte e o movimento olímpico), sua singularidade e diversidade, uma vez que se corre o risco de aceitá-los sem qualquer crítica, como uma decorrência da complexidade desses tempos, ou ainda de esmiuçá-los com habilidade de cirurgião, correndo o risco de separar parte e todo.

Se do ponto de vista da denominação do período há inúmeras controvérsias, a unanimidade da pós-modernidade se afirma no modo pelo qual as diversas análises de tendências se aglutinaram para formar um novo gênero discursivo, possibilitando tantas análises quantas tendências existirem (Giddens 1995; Hall, 2003; Woodward, 2000). Daí a condição central da cultura nessa discussão.

Para Jameson (1999), pós-modernismo é quando o processo de modernização está completo e a natureza se foi para sempre. É um mundo mais completamente humano do que o anterior, mas no qual a "cultura" se tornou uma verdadeira "segunda natureza". Assim, a pós-modernidade não seria uma dominante cultural de uma ordem social totalmente nova, mas apenas um reflexo e um aspecto concomitante de mais uma modificação sistêmica do próprio capitalismo. Conseqüentemente, na cultura pós-moderna a própria cultura se tornou um produto, o mercado tornou-se seu substituto, um produto exatamente igual a qualquer um dos itens que o constituem. Nessa condição, a cultura necessariamente se expandiu a ponto de se tornar praticamente coextensiva à economia, não apenas como base sintomática de algumas das maiores indústrias do mundo, mas de maneira muito mais profunda, uma vez que todo objeto material ou serviço imaterial se torna, de forma inseparável, uma marca trabalhável ou produto vendável. A cultura nesse sentido, como inevitável tecido da vida no capitalismo avançado, é nossa segunda natureza.

A concepção de pós-modernismo de Jameson é especificamente cultural e histórica, e não meramente estilística; está pautada na dominante cultural da lógica do capitalismo tardio, e não como um estilo entre muitos outros disponíveis. É um novo estágio na história do modo de produção reinante; por isso, sua discussão sobre o destino da cultura em geral, e da função da cultura em particular, se dá como um nível ou instância social na atualidade.

Polan (1993) afirma que a caracterização de pós-modernista sugere um afastamento da confiança panglossiana do modernismo na tecnologia, na visão e no empenho, em direção a um desinteresse por toda sorte de expressividade — um espetáculo de superficialismo que não visa a nenhuma celebração de mitos, a nenhum sentido superior. E ressalta que é necessário cautela quando se faz uso da descrição de um pós-modernista na cultura atual, para que ela não seja entendida como uma descrição de nossa cultura como um todo.

AS IDENTIDADES NA PÓS-MODERNIDADE E OS ESTUDOS CULTURAIS

Uma das marcas que a pós-modernidade traz consigo é a percepção da vivência das metanarrativas, o que leva a discussão da cultura para além dos recortes disciplinares. A interdisciplinaridade sugerida por essa forma diferenciada de ver o mundo, e também a ciência, tem levado a uma multiplicidade de versões sobre os fenômenos humanos em busca de uma unidade dada pela diferença.

Na busca do que fundamenta o trabalho intelectual sério e crítico, Hall (2003) chega às rupturas significativas, momento em que velhas correntes de pensamento são rompidas e antigas constelações são deslocadas de elementos novos e reagrupadas ao redor de uma nova gama de premissas e temas, sob uma perspectiva teórica denominada *estudos culturais*.

Diante da natureza da proposta e de seu desenvolvimento, os estudos culturais são, para Hall (2003, p. 200), uma formação discursiva que tem no conceito de cultura seu principal articulador e devem estar vinculados ao momento e contexto histórico no qual são produzidos: "Os estudos culturais abarcam discursos múltiplos, bem como numerosas histórias distintas. Compreendem um conjunto de formações, com as suas diferentes conjunturas e momentos no passado".

Sendo a cultura o ponto de partida para os estudos culturais, Willians (1993, p. 6), um dos precursores do Centro de Estudos Culturais Contemporâneos, conceitua-a como algo usual:

> *Toda sociedade humana tem sua própria forma, seus próprios propósitos, seus próprios sentidos. Toda sociedade humana expressa essas características em suas instituições, nas artes e na aprendizagem. O fazer de uma sociedade é a descoberta de sentidos e direções comuns, e o seu crescimento é um ativo debate e um aperfeiçoamento que ocorrem sob a pressão da experiência, do contato e da descoberta, que se inscrevem, assim, em seu território.*

A operacionalização de um conceito expandido de cultura permitiu aos estudos culturais a ampliação do significado de cultura considerando em foco toda a produção de sentido, desde textos e representação até práticas vividas e suas implicações nas divisões entre diferentes níveis culturais.

Os desdobramentos desse episódio são, para Escosteguy (2003), o momento em que os estudos culturais prestam atenção à forma de expressões culturais não tradicionais, descentrando a legitimidade cultural. Além disso, enfatizar a noção de cultura como prática a define nos campos social e econômico, dentro dos quais a atividade criativa é condicionada. Isso representa a necessidade de atentar para as relações de produção, distribuição e recepção culturais, assim como para as práticas econômicas que estão intimamente vinculadas à constituição do sentido cultural.

A posição da cultura como condição constitutiva da vida social, e não mais como um simples elo para o restante do sistema social, foi chamada de *virada cultural* e representou uma transformação nas ciências sociais e nas humanidades. O início dessa revolução se deu em relação à linguagem, na chamada *virada lingüística*.

Esse movimento representou um redimensionamento do conceito de linguagem e passou a ter uma posição privilegiada na construção e circulação do significado. Para Guareschi, Medeiros e Bruschi (2003), a linguagem deixou de ser uma maneira de relatar ou transmitir com neutralidade os significados que pretendemos expressar e passou a constituí-los. Dessa forma, os considerados *fatos naturais*, também denominados realidade, são tidos como fenômenos discursivos, cujos significados surgem com os jogos de linguagem e os sistemas de classificação nos quais estão insertos. E, assim, o discurso não é entendido em seu aspecto lingüístico nem como um conjunto de palavras, mas como um conjunto de práticas que produzem efeitos no sujeito.

Nessa perspectiva, tudo que se pensa ou se diz da realidade é um reflexo e uma projeção da experiência vivida como real, independentemente da afirmação dessa realidade exterior ao sujeito e dos sentidos que são dados a ela. Isso representa a existência de uma materialidade conectada com o que se pensa e se diz, ligada ao discurso. Embora a realidade seja intangível, é sabido que ela existe e está conectada com a representação que se tem dela (Veiga-Neto, 2000).

A idéia de construção social tem exercido a função de unificadora dos estudos culturais, segundo Silva (2000). Isso porque, ao estabelecer sentidos de forma hegemônica, o mundo cultural e social mascara a origem e a complexidade desse processo, naturalizando-o. Daí a preocupação de utilizar todos os campos que forem necessários para produzir o conhecimento exigido por um projeto particular. Se os estudos culturais têm a cultura como principal conceito articulador, a questão da identidade é, por sua vez, seu principal eixo temático.

Hall (2000, p. 112) utiliza o termo "identidade" para significar o ponto de encontro entre os discursos e as práticas que "tentam nos 'interpelar', nos falar ou nos convocar para que assumamos nossos lugares como os sujeitos sociais de discursos particulares" e, por outro lado, os processos produtores de subjetividades, "que nos constroem como sujeitos aos quais se pode 'falar'. As identidades são, pois, pontos de apego temporário às posições-de-sujeito que as práticas discursivas constroem para nós".

As profundas transformações sociais ocorridas ao longo do século XX fizeram surgir novas formas de identidade e fragmentaram o indivíduo moderno, visto até então como um sujeito unificado. Hall (2001, p. 7) define esse momento como "crise de identidade" e aponta-o como uma das questões centrais do momento contemporâneo: "A assim chamada 'crise de identidade' é vista como parte de um processo mais amplo de mudança, que está deslocando as estruturas e processos centrais das sociedades modernas e abalando os quadros de referência que davam aos indivíduos uma ancoragem estável no mundo social".

A crise de identidade proposta por Hall não está pautada apenas no que aconteceu à concepção de sujeito moderno e a seu descentramento. Essa crise passa por uma série de rupturas nos discursos do conhecimento moderno, cujo maior efeito foi o deslocamento final do sujeito cartesiano. O autor aponta cinco grandes momentos que contribuíram para esse impacto.

O primeiro deles refere-se às tradições do pensamento marxista, principalmente ao pensamento de Althusser, que coloca as relações sociais e não uma noção abstrata de homem no centro de seu sistema teórico, deslocando duas proposições-chave da filosofia moderna: que há uma essência universal de homem e que essa essência é o atributo de "cada indivíduo singular", o qual é seu sujeito real.

O segundo dos grandes descentramentos no pensamento ocidental do século XX vem da descoberta do inconsciente de Freud, que afirma serem as identidades, bem como a sexualidade e a estrutura dos desejos, formadas em processos psíquicos e simbólicos de uma instância chamada inconsciente. Seu funcionamento independe da razão, colocando por terra o conceito de sujeito cognoscente e racional, dono de uma identidade cartesiana fixa e unificada. Sendo assim, a identidade é algo formado ao longo do tempo, por meio de processos inconscientes, que não está presente no sujeito desde seu nascimento. Existe sempre algo imaginário ou fantasiado sobre sua unidade.

O terceiro desses momentos está associado com o trabalho do lingüista estrutural Saussure, que argumenta que nós não somos os autores das afirmações que fazemos ou dos significados que expressamos na língua. A linguagem é um sistema social e não individual que preexiste a nós. As palavras são "multimoduladas" e carregam ecos de outros significados que elas colocam em movimento. O significado é inerentemente instável. Ele procura o fechamento (a identidade), mas é também constantemente perturbado (pela diferença).

O quarto descentramento da identidade e do sujeito ocorre com o trabalho de Foucault, na medida em que ele destaca um novo tipo de poder que chama de "poder disciplinar", o qual está preocupado, em primeiro lugar, com a regulação e a vigilância e, a seguir, com o indivíduo e o corpo. Seus locais são aquelas instituições, desenvolvidas ao longo do século XIX, que vigiam e disciplinam as populações modernas, como oficinas, quartéis, escolas, prisões, hospitais, clínicas etc. Na visão foucaultiana, quanto mais coletiva e organizada for a natureza das instituições, maiores serão o isolamento, a vigilância e a individualização do sujeito individual.

O quinto descentramento reside no impacto de movimentos transformadores como o feminismo, que é tanto uma crítica teórica quanto um movimento social, por questionar algumas distinções clássicas como o público e o privado, a família, a sexualidade, o trabalho doméstico, a divisão doméstica do trabalho etc. Foi um movimento que começou dirigido à contestação da posição social das mulheres e se expandiu para incluir a formação das identidades sexuais e de gênero.

Enfim, os descentramentos apresentados por Hall sugerem a ocorrência de rupturas significativas ao longo do último século que levam o sujeito a uma crise em sua suposta identidade única para se ver diante da possibilidade de identidades múltiplas.

Essas identidades, constituídas no interior de práticas de significação, são produzidas em locais históricos e institucionais únicos, emergem das relações de poder e são produto da diferença (e não de uma unidade idêntica), da prática da alteridade.

Essa é a razão pela qual Guareschi, Medeiros e Bruschi (2003) afirmam que o processo de construção das identidades está sempre envolvido com a diferença e que a relação com aquilo que não é se refere sempre ao outro: sou o que o outro não é.

Se o debate sobre identidade tem assumido uma posição de destaque nas discussões contemporâneas, é porque elas estão localizadas no interior de mudanças sociais, políticas e econômicas, contribuindo para essa transformação. O diálogo sobre a extensão na qual as identidades são contestadas leva a uma análise da importância da diferença e das oposições na construção de identidades.

Woodward (2000) afirma que a diferença é um elemento central dos sistemas classificatórios por meio dos quais os significados são produzidos. Tanto os sistemas sociais como os simbólicos produzem as estruturas classificatórias que fornecem certo sentido e certa ordem à vida social e às distinções fundamentais que estão no centro dos sistemas de significação da cultura. Esses sistemas classificatórios não podem, entretanto, explicar sozinhos o grau de investimento pessoal que os indivíduos têm nas identidades que assumem.

Com importantes desdobramentos sobre o debate da identidade e da diferença, as características de linguagem, como a indeterminação e a instabilidade, estarão prontas a produzir nos sujeitos as marcas de seu tempo.

IDENTIDADE E LIMITE NO ESPORTE PÓS-MODERNO

É possível afirmar que toda manifestação esportiva é socialmente estruturada, na medida em que o esporte revela em sua organização, no processo de ensino-aprendizagem e em sua prática os valores subjacentes da sociedade na qual se manifesta. Questões como o desenvolvimento da identidade do atleta, as formas de manejo e controle de concentração e ansiedade e os aspectos de liderança em equipes, estudadas e tratadas de maneira pontual e pragmática pela ciência contemporânea, foram deslocadas de um contexto social maior que é o lugar e o momento em que o atleta está vivendo.

Em função disso, características como secularização, igualdade de chances, especialização, racionalização, burocratização, quantificação e busca de recorde, princípios que regem a sociedade capitalista pós-industrial, marcam indelevelmente a prática esportiva, tendo o rendimento como o princípio norteador (Rubio, 2001; 2006a). Mas apontar apenas o rendimento como elemento marcante do esporte contemporâneo, apresentado como um dos espetáculos da pós-modernidade, seria desconsiderar outros valores que foram sendo transformados, sobretudo a partir da década de 1970, ou mais precisamente quando o conceito de amadorismo caiu em desgraça.

DaMatta (1994), González (1993), MacAloon (1984) e Mangan (1986) afirmam que a função do esporte no mundo moderno tem ligação íntima com dois aspectos fundamentais da vida burguesa: a disciplina (porque ensina e reafirma nas massas os limites sociais como regras e deveres) e o *fair play* (pois o esporte trivializa a vitória e o fracasso, socializa o insucesso e o êxito e banaliza a derrota. Complementando essa idéia,

Brohm (1993) entende que o esporte se apresenta como uma preparação da força de trabalho para o trabalho industrial capitalista, uma vez que difunde pelos indivíduos, desde muito cedo, o princípio do rendimento e da produtividade, fazendo funcionar o corpo de acordo com os princípios tayloristas, implantando uma moral do esforço e do trabalho, contribuindo para a manutenção da exploração de classes. Apesar disso, o esporte se apresenta como politicamente neutro, favorecendo a colaboração de classes uma vez que expressa a possibilidade do diálogo leal entre os interlocutores (sociais) sob a supervisão de um árbitro imparcial (o Estado).

E assim se entende a relação vincular entre história e esporte, muito embora discursos e documentos manifestem a isenção deste dos movimentos populares como condição regimental.

Entendendo que o esporte é uma forma genuína de adaptação à vida moderna e pode ser compreendido como um tipo de trabalho disfarçado e desmoralizante, Guttmann (1978) discute, ainda, que características como disciplina, autoridade, iniciativa, perfeição, destreza, racionalidade, organização e burocracia provam o mimetismo e a dependência existentes entre o esporte e o capitalismo industrial.

Isso leva Bourdieu (1993) a afirmar que algumas chaves constitutivas do dispositivo esportivo, esboçadas no século XIX, não se transformaram plenamente até meados do século XX. Uma das mudanças mais significativas teve relação com a crescente intervenção do Estado, isso porque a esportivização da sociedade constitui parte importante da intervenção e do desdobramento de distintas agências que, durante sua atuação, se autodefiniam e recriavam. Outra leitura possível considera que, desde suas origens, a atividade esportiva de alguma envergadura supõe sempre uma atividade industrial e comercial próxima, que indica que o espaço esportivo, mesmo pertencendo ao campo da cultura, foi transformado em um setor da vida econômica e em uma área de consumo muito importante e dinâmica.

Essa condição foi alcançada graças à construção espetacular da narrativa esportiva em que a competição é uma metáfora das batalhas de então, em que adversários reais ou simbólicos serão sempre alvo de superação. Isso quer dizer que a espetacularização do esporte foi construída sobre o desenvolvimento da própria prática esportiva e as intervenções e alterações propostas pelos distintos atores envolvidos. Essa narrativa, preocupada em afirmar aspectos competitivos como igualdade e equilíbrio entre os oponentes, tem reforçado o imaginário da *batalha justa*, emocionante, de resultado imprevisível, facilitando a emergência de consciências coletivas, identidades nacionais e protagonistas carismáticos, transformando o campo da competição em cenário de representação de atitudes heróicas de atletas que defendem uma equipe, uma cidade ou um país (Mangan, 1996; Mangan e Holt, 1996; Rubio, 2006a).

O fenômeno esportivo passou por grandes transformações ao longo do século XX, bem como a condição de atleta e o papel social desempenhado por ele. No início, o praticante da atividade esportiva era o nobre ou aristocrata que encontrava no ambiente competitivo seus pares de classe e nele exercitava os valores da moral predominante. Dessa forma foram criados os regulamentos e as regras das diversas modalidades esportivas, aplicados em âmbito internacional como se todos dividissem os mesmos hábitos e costumes. Ao longo do século, esse grupo seleto foi sendo compartilhado por outros atletas de origens distintas, colocando em xeque a universalidade dessas regras e da competição em si.

Depois de se transformar em uma prática profissional ímpar e em um dos principais fenômenos socioculturais contemporâneos, o esporte se revelou um cenário privilegiado para a discussão não apenas da identidade e de suas mutações, mas também da diversidade cultural, em uma sociedade que viu o papel do trabalho e das instituições sofrer profundas alterações ao longo do último século. Nacionalidade, gênero e origem social, substratos da formação das identidades, são também referências para a análise do fenômeno esportivo que tem na figura do atleta o protagonista de todo esse movimento, a razão de sua própria existência. Para esse ator social, entretanto, o esporte é vivido intensamente por meio das instituições que regem e regram a atividade competitiva, permitindo ou dificultando o exercício de seu papel, ora com argumentos e ações objetivas, ora pautando-se no imaginário próprio das instituições.

A ÉTICA E A ÉTICA ESPORTIVA

O esporte se apresenta à sociedade contemporânea como um fenômeno de grande abrangência social, tanto do ponto de vista do espetáculo como da atividade profissional e comercial (Silva e Rubio, 2003). Manifestação capaz de provocar grande emoção e comoção, o esporte se diferencia de outros espetáculos por levar protagonistas e espectadores a se posicionar.

Ardoino e Brohm (1995) afirmam que, assim como a pena de morte ou o aborto, o esporte afeta e divide profundamente opiniões porque provoca a polarização emocional e ideológica, e que diante de um objeto investido de tanta libido e afetividade é difícil permanecer neutro ou indiferente.

Uma das justificativas possíveis para tamanha mobilização afetiva está no fato de que vários são os valores vinculados ao esporte contemporâneo que remontam à sua origem. Um deles é a agonística, representada na busca e superação de limites, assim como na perseverança observada na construção e busca da melhor forma atlética. Essas qualidades talhavam parte da moral do homem na Grécia antiga, momento de gênese do esporte, e fundamentavam a busca da transcendência da finitude e da perfeição (Rubio, 2001). Para os praticantes do esporte de então, a superação de tempos, distâncias, pesos ou pontos era decorrência de uma atividade que se ritualizou nos jogos olímpicos helênicos, mas cuja prática tinha por finalidade primeira desenvolver o físico e a moral. Na Antigüidade, o atleta helênico competia, porém sua busca pela vitória não estava fundamentada na derrota do adversário e sim na superação dos próprios limites, ou seja: ao alcançar seu máximo na competição, havia a experimentação de uma condição divina, a afirmação da permanência. A vitória sobre o adversário era uma decorrência desse processo. Para a sociedade grega helênica, os vitoriosos seriam todos aqueles que superassem seus limites, físicos e morais.

Entretanto, a estruturação do esporte como o temos no período contemporâneo foi produzida e desenvolvida dentro de um modelo que não carrega semelhanças com o modelo grego, senão pelo gesto técnico característico de algumas modalidades. O esporte da atualidade nasce e cresce em uma sociedade pós-industrial em que a melhor performance passou a se associar à conquista da primeira colocação ou ainda ao recorde, distinguindo seu executor dos demais participantes da competição. A busca pelos melhores resultados deixou de ser superação do próprio limite para se tornar a superação do resultado do adversário. Colabora para esse estado de coisas o desenvolvimento tecnológico que permite a mensuração do tempo e do espaço em índices sempre menores, capazes de ser registrados apenas pelos instrumentos mais aprimorados.

Segundo Mandell (1986), o esporte como é conhecido na sociedade contemporânea surgiu em um momento histórico marcado por condições particulares e foi modelado conforme princípios de uma sociedade regida pelo sistema liberal. Nessa condição, a vitória — e não a participação — é o valor supremo da competição esportiva, pois a ela estão associados o reconhecimento social, o dinheiro e o desejo de permanência, ocasionando o menosprezo de qualquer outro resultado.

Do ponto de vista das grandes competições, o desdobramento dessa lógica leva à desvalorização das medalhas de prata e bronze, prêmios dedicados ao segundo e terceiro lugares, que deixaram de ser distinções para se tornar prêmios de consolação ou de vergonha. As demais colocações nem sequer são citadas em anais e enciclopédias, sepultando uma das máximas do olimpismo: a de que *o importante é participar* (Carta Olímpica, 2001).

No entender de Skillen (2000), o espírito de competição e conquista é parte inextrincável do esporte. Entretanto, a principal contribuição que essa prática pode proporcionar à sociedade é o exercício das habilidades que levam ao limite. Sendo assim, o esporte tem potencial para ensinar a viver com limites, e a vitória teria a função de indicar essa condição, apontando quem entre os competidores carece de maior aprimoramento.

Se a competição é condição inerente do esporte, é preciso entendê-la naquilo que há de específico nesse contexto. Conforme Yonnet (2004), a competição esportiva pode ser dividida em dois sistemas: a competição contra alguém e a competição consigo mesmo.

No primeiro caso, esse sistema abrange todos os esportes competitivos, que na acepção clássica do esporte moderno cabiam aos amadores, mas no presente momento são representados pelos atletas profissionais. A elite é formada por indivíduos selecionados pela ordem de excelência, separados por pequenas frações de tempo ou distância que já não podem ser mensuradas a olho nu ou por cronômetro manual. A necessidade de usar equipamentos sempre mais precisos sofistica a prática esportiva e a competição, favorecendo a organização da incerteza imposta ao público espectador e afirmando uma condição de espetáculo de massa. Nesse sistema, os rituais são esperados e se multiplicam para atender às necessidades de competidores e público, tornando-se uma liturgia de identificação. Portanto, incerteza e identificação são as condições básicas para o desenvolvimento da competição contra o outro. Isso quer dizer que existe a possibilidade de a justiça não prevalecer, na medida em que a melhor equipe pode não ser a vencedora devido a um mau desempenho do atleta, a um erro de arbitragem ou a uma falha de equipamento.

O segundo sistema, a competição contra si mesmo, compreende uma espécie de luta privada, íntima, na qual o competidor é também juiz. Nesse sistema, não há divisão de classes ou limite. Isso porque o limite de esforço empreendido para a realização de uma prova varia de indivíduo para indivíduo, impondo ritmos e realizações distintas aos diversos competidores. Ou seja, se por um lado existe uma aparente igualdade entre os seres humanos, por outro há uma desigualdade constitucional que leva uns à vitória e outros não. Nesse sistema, a técnica essencialmente individual e privada de competição consigo mesmo demanda recursos de uma espécie de elevação individual, fincada grandemente na cultura ocidental contemporânea. Encontram-se nesse grupo as modalidades esportivas como provas de longa distância no atletismo, marchas, maratona, Ironman, enduros e esqui, desenvolvidas a partir dos anos 1970 como atividades de tempo livre; a musculação, as várias modalidades de ginástica e as atividades de resistência que não implicam, necessariamente, competição e, portanto, vitória sobre alguém.

No período contemporâneo, a superação de marcas é um feito grandioso, merecedor de ampla divulgação pelos meios de comunicação de massa para todo o mundo. Muitos recordes conquistados no início do século XX e considerados imbatíveis têm sido superados, ao longo do tempo, por aquelas consideradas, nos primórdios dos jogos olímpicos da Era Moderna, incapazes de realizar um feito esportivo: as mulheres. Essas marcas são quebradas quase todos os meses em alguma prova, e em qualquer modalidade esportiva. Uma das grandes motivações de qualquer atleta que participa hoje de importantes competições nacionais ou internacionais é não somente a vitória, mas justamente a luta pela conquista do recorde.

Essa busca incessante pelo sucesso e pela superação dos recordes pressupõe, de maneira assertiva, uma evolução material da sociedade e física do atleta. Nos treinos diários, o atleta busca a perfeição técnica, tendo em seu auxílio os estudos científicos sobre o movimento humano; já os fabricantes de materiais e equipamentos esportivos lançam no mercado produtos inovadores a intervalos cada vez menores (Rubio, 2006b).

O mesmo se pode dizer sobre a evolução nas técnicas de construção de instalações esportivas. Sendo assim, o recorde é o resultado de alguns fatores que se combinam num mesmo momento: a plenitude técnica do atleta e o aprimoramento dos recursos materiais que estão ao seu alcance. Ou seja, o conjunto de fatores físicos e mentais, aliados à técnica e à tecnologia, contribui indefinidamente para a construção de uma situação vitoriosa.

Brohm (1995) avalia que essa lógica de valorização extrema do resultado esportivo é uma construção ideológica que circula por meio de impacto midiático, e que as instituições esportivas absorvem boa parte das tendências mortíferas e suicidas dos indivíduos de uma sociedade em crise prolongada — crise que é ao mesmo tempo econômica, espiritual e ideológica. Essa violência suicida que se manifesta de diversas maneiras advém de uma mesma matriz axiológica e praxeológica: a competição de todos contra todos, a busca infinita do recorde, a busca incessante da superação de limites, o culto do excesso, o fetichismo do progresso de performances e a idolatria do êxito a qualquer preço.

Assim como outras criações humanas, o esporte é um universo repleto de valores morais e, sendo uma atividade cultural, também passou por transformações próprias do momento histórico em que foi criado, desenvolvido e praticado. Nesse contexto, surge o conceito de *fair play*, tido como um dos pilares que fundamentam a prática esportiva contemporânea.

O *fair play* foi incorporado ao esporte a partir de 1880 para designar um tipo de conduta (Guttmann, 1992; Mangan, 1986). Define-se por um conjunto de princípios éticos que orientam a prática esportiva de atletas e demais envolvidos com o espetáculo esportivo, e está baseado no *éthos* cavalheiresco do esporte vitoriano, entendido em plano mais geral como uma atitude de prática esportiva moralmente boa, considerado um elemento essencial à realização do potencial educativo dos jogos olímpicos (Tavares, 1999).

Influenciado pela obra de Hippolyte Taine, *Notes sur l'Angleterre*, e pela metodologia da Rugby School, de Thomas Arnold, ou seja, pelo sistema educacional e esportivo inglês, Pierre de Coubertin, o organizador do Movimento Olímpico contemporâneo, incorporou ao seu ideário olímpico a noção do comportamento cavalheiresco no esporte.

O termo *fair play* compartilha com o termo "olimpismo" a diversidade de interpretação de significados. O senso comum o traduz como "espírito esportivo" ou "jogo limpo", sem com isso contemplar o cerne da questão, que é a elucidação do conceito. O *fair play* presume uma formação ética e moral daquele que pratica o esporte e se relaciona com os demais atletas na competição, e supõe que ele não fará uso de outros meios que não a própria capacidade para superar os oponentes. Nessas condições, não há espaço para formas ilícitas que objetivem a vitória, como suborno ou uso de substâncias que aumentem o desempenho.

De acordo com Tavares (1999), o *fair play* como conjunto de valores normativos do comportamento individual e coletivo no ambiente da competição atlética reflete a formulação de um ambiente cultural específico, ou seja, por mais que tenha havido uma universalização dos valores esportivos atuais, é preciso contextualizar, do ponto de vista cultural, as transformações que eles sofreram ao longo do século XX, desde que formulados por Pierre de Coubertin.

Apesar de amplo e aparentemente irrestrito, o *fair play* tem recebido a atenção de estudiosos do olimpismo preocupados com as transformações que vêm ocorrendo nas regras e conduta dos praticantes das diversas modalidades esportivas. Isso porque o próprio Movimento Olímpico criou padrões, normas e orientações que norteiam e influenciam a prática e o entendimento do esporte, tanto por parte de quem o pratica como de quem assiste a ele.

Lenk (1986) conceitua o *fair play* de duas maneiras: o *fair play* formal, que está relacionado diretamente a regras e regulamentos que o participante da competição deve cumprir, em princípio, sendo considerado uma "norma obrigação" (*must norm*); e o *fair play* não formal, relacionado ao comportamento pessoal e aos valores morais do atleta e daqueles envolvidos com o mundo esportivo. Não está limitado por regras escritas e é legitimado culturalmente. A ausência de regulamentação oficial confere a ele caráter subjetivo.

Apesar de caracterizado por uma abordagem normativa e conservadora do comportamento atlético, o *fair play* serviu durante longo tempo como orientação para os protagonistas do espetáculo esportivo, ainda que não fosse seguido todo o tempo.

Assim como o conceito de amadorismo foi abolido ou esquecido do olimpismo, assistimos a uma mudança também no que se refere ao *fair play*. Para Tavares (1999), essa transformação se justifica porque o esporte vem sofrendo deslocamentos de sentido nos últimos trinta anos, apontando para uma possível relativização dos valores tradicionais ligados à prática esportiva, entre eles o *fair play*. O autor tenta justificar essa guinada do olimpismo, situando o *fair play*, principalmente, dentro de uma nova ordem cultural, sem discutir, entretanto, a motivação intrínseca do olimpismo atual, que está pautado na potência comercial que o COI se tornou. O autor afirma que

> talvez o próprio conjunto de valores do fair play *necessite ser repensado em função de um cenário cultural bastante diverso do ambiente aristocrático do século passado em que surgiu o olimpismo, incorporando novos valores sociais contemporâneos ao mesmo tempo que mantendo seus elementos essenciais, numa articulação entre tradição e mudança.* (Tavares, 1999, p. 190)

Parece um acaso, mas o lapso temporal apontado pelo autor coincide com o fim do amadorismo e com o início do profissionalismo no esporte, conferindo uma nova moral ao olimpismo.

Partindo da importância que o fenômeno esportivo adquiriu na atualidade, Marivoet (1998) afirma ser imprudente não considerar o esporte como um dos agentes de formação de códigos éticos e condutas morais. Sua contribuição no pensamento e no comportamento éticos do indivíduo torna o *fair play* o fio condutor da transmissão de valores. Isso quer dizer que o *fair play* pode ser aceito como a idéia de educar o ser humano para a reciprocidade, no respeito à diversidade humana, desenvolvendo o conceito de semelhança, o que permite a identificação com o outro, a percepção da necessidade do oponente e o entendimento de que o vencedor e o vencido se relacionam a um lapso temporal denominado momento.

CONSIDERAÇÕES FINAIS

Constitui domínio da ética e da moral o conjunto de valores que os seres humanos admitem por hábito e tradição ou pela adesão a um conjunto de crenças. Se moral vem do latim *mos, moris*, cujo significado é "maneira de se comportar regulada pelo uso", derivando daí a palavra "costume", ética vem do grego *ethos*, cujo significado é caráter, hábito ou modo de vida, sintetizando também costume.

É possível afirmar que a moral, além de ser coletiva, tem caráter individual, na medida em que apenas pode ser afirmada como tal se for aceita como norma, constituindo-se como juízo interno. É com base nisso que se funda o conceito de liberdade. Ou seja, a *moral constituída*, aquela já construída e herdada de outras gerações, encontrada e admitida como pronta por um membro de um grupo social, pode ser, diante das transformações por que passa esse mesmo grupo ao longo de sua existência, questionada ou mesmo transformada, caracterizando-se como *moral constituinte*, conjunto de valores advindos de vivências experimentadas.

O esporte, desde sua origem, traz em si essas implicações. Isso porque na Antigüidade a agonística, em si um ritual e entendida posteriormente como prática competitiva, oferecia ao praticante a oportunidade de superação dos próprios limites e, em caso de sucesso, colocava-o ao lado dos imortais. Ou seja, a competição, antes de se dar contra alguém, apresentava-se de forma permanente como auto-superação, como moral constituída.

No esporte contemporâneo, a moral esportiva constituída se apresenta na forma de constante superação de marcas e adversários, deslocando do próprio sujeito a meta a ser alcançada. E dessa relação surgiu o conceito de *fair play* que fundamenta o esporte contemporâneo e, em sua versão formal, envolve o respeito pela regra instituída, pelo adversário e pelo público espectador em forma de norma, mas também dita o comportamento do atleta independentemente do juiz que a faça ser cumprida, originando o *fair play* não formal.

Se entendida sob essa perspectiva, a prática esportiva como moral constituinte pode levar ao exercício da alteridade, tanto por se referir à massificação do esporte, respeitando as limitações da maioria, quanto por gerar condições de prática diferenciada aos mais habilidosos, protagonistas do espetáculo esportivo contemporâneo. O respeito a essas diferenças leva também à superação de outras formas de intolerância produzidas na sociedade contemporânea sob a denominação de raça, religião ou nacionalidade.

REFERÊNCIAS BIBLIOGRÁFICAS

ANDERSON, P. *As origens da pós-modernidade*. Rio de Janeiro: Jorge Zahar, 1999.

ARDOINO, J.; BROHM, J. M. "Repères et jalons pour une intelligence critique du phénoméne sportif contemporain". In: BAILLETTE F.; BROHM, J. M. (orgs.). *Critique de la modernité sportive*. Paris: Les Éditions de la Passion, 1995.

BOURDIEU, P. "Deporte y clase social". In: VÁRIOS AUTORES. *Materiales de sociología del deporte*. Madri: La Piqueta, 1993.

BROHM, J. M. "La violence suicidaire du sport de compétition: compétitions suicidaires et suicides compétitifs". In: BAILLETTE, F.; BROHM, J. M. (orgs.). *Critique de la modernité sportive*. Paris: Les Éditions de la Passion, 1995.

_____. "Las funciones ideológicas del deporte capitalista". In: VÁRIOS AUTORES. *Materiales de sociología del deporte*. Madri: La Piqueta, 1993.

CARTA OLÍMPICA. Lausanne: Comitê Olímpico Internacional, 2001.

DAMATTA, R. "Antropologia do óbvio". *Revista da USP – Dossiê Futebol*, São Paulo, n. 22, 1994.

ESCOSTEGUY, A. C. D. "Os estudos culturais e a constituição da sua identidade". In: GUARESCHI, N. M. F.; BRUSCHI, M. E. (orgs.). *Psicologia social nos estudos culturais*. Petrópolis: Vozes, 2003.

GIDDENS, A. *As conseqüências da modernidade*. Oeiras: Celta, 1995.

GONZÁLEZ, J. I. B. "Introducción". In: VÁRIOS AUTORES. *Materiales de sociología del deporte*. Madri: La Piqueta, 1993.

GUARESCHI, N. M. F.; MEDEIROS, P. F.; BRUSCHI, M. E. "Psicologia social e estudos culturais: rompendo fronteiras na produção do conhecimento". In: GUARESCHI, N. M. F.; BRUSCHI, M. E. (orgs.). *Psicologia social nos estudos culturais*. Petrópolis: Vozes, 2003.

GUTTMANN, A. *From ritual to record*. Nova York: Columbia University Press, 1978.

_____. *History of the modern games*. Illinois: University of Illinois, 1992.

HALL, S. *A identidade cultural na pós-modernidade*. Rio de Janeiro: DP&A, 2001.

_____. "Estudos culturais: dois paradigmas". In: HALL, S. *Da diáspora — Identidades e mediações culturais*. Belo Horizonte/Brasília: UFMG/Representação da Unesco no Brasil, 2003.

_____. "Quem precisa de identidade?" In: SILVIA, T. (org.). *Identidade e diferença — A perspectiva dos estudos culturais*. Petrópolis: Vozes, 2000.

HARVEY, D. *Condição pós-moderna: uma pesquisa sobre as origens da mudança cultural*. São Paulo: Loyola, 1992.

JAMESON, F. *Pós-modernismo — A lógica cultural do capitalismo tardio*. São Paulo: Ática, 1999.

KAPLAN, E. A. *O mal-estar no pós-modernismo: teoria e práticas*. Rio de Janeiro: Jorge Zahar, 1993.

LENK, H. "Toward a social philosophy of the Olympics: values, aims and reality of the modern Olympic Movement". In: GRAHAM, P. J.; UEBERHORST, H. (eds.). *The modern Olympics*. West Point: Leisure Press, 1986.

LYOTARD, J. F. *A condição pós-moderna*. Lisboa: Gradiva, 1989.

MACALOON, J. J. *This great symbol*. Chicago: The University of Chicago Press, 1984.

MANDELL, R. D. *Historia cultural del deporte*. Barcelona: Bellaterra, 1986.

MANGAN, J. A. "Muscular, militaristic and manly: the British middle-class hero as moral messenger". In: HOLT, R.; MANGAN, J. A.; LANFRANCHI, P. *European heroes: myth, identity, sport*. Londres: Frank Cass, 1996.

_____. *The games ethic and imperialism*. Nova York/Middlesex: Viking Penguin, 1986.

MANGAN, J. A.; HOLT, R. "Epilogue: heroes for a European future". In: HOLT, R.; MANGAN, J. A.; LANFRANCHI, P. *European heroes: myth, identity, sport*. Londres: Frank Cass, 1996.

MARIVOET, S. *Aspectos sociológicos do desporto*. Lisboa: Livros Horizonte, 1998.

POLAN, D. "O pós-modernismo e a análise cultural na atualidade". In: KAPLAN, E. A. *O mal-estar no pós-modernismo: teoria e práticas*. Rio de Janeiro: Jorge Zahar, 1993.

Rubio, K. *Medalhistas olímpicos brasileiros: histórias, memórias e imaginário*. São Paulo: Casa do Psicólogo, 2006a.

_____. *O atleta e o mito do herói*. São Paulo: Casa do Psicólogo, 2001.

_____. "O imaginário da derrota no esporte contemporâneo". *Psicologia e Sociedade*, Porto Alegre, v. 18, n. 1, p. 86-91, 2006b.

Silva, M. L. S.; Rubio, K. "Superação no esporte: limites individuais ou sociais?" *Revista Portuguesa de Ciências do Desporto*, Porto, v. 3, n. 3, p. 69-76, 2003.

Silva, T. T. "A produção social da identidade e a diferença". In: Silva, T. (org.). *Identidade e diferença: a perspectiva dos estudos culturais*. Petrópolis: Vozes, 2000.

Skillen, A. "Sport is for losers". In: McNamee, M. J.; Parry, S. J. (eds.). *Ethics & Sport*. Londres: Routledge, 2000.

Souza Santos, B. *Introdução a uma ciência pós-moderna*. Porto: Afrontamento, 1998.

Tavares, O. "Referenciais teóricos para o conceito de olimpismo". In: Tavares, O.; DaCosta, L. P. (eds.). *Estudos olímpicos*. Rio de Janeiro: Gama Filho, 1999.

Veiga-Neto, A. "As idades do corpo: (material)idades, (divers)idades, (corporal)idades, (ident)idades...." In: Azevedo, J. C. (org.). *Educação e utopia na educação cidadã*. Porto Alegre: UFRGS, 2000.

Willians, R. "Culture is ordinary". In: Gray, A.; McGuigam, L. (orgs.). *Studying culture – An introductory reader*. Londres/Nova York: Arnold, 1993.

Woodward, K. "Identidade e diferença: uma introdução teórica e conceitual". In: Silva, T. (org.). *Identidade e diferença – A perspectiva dos estudos culturais*. Petrópolis: Vozes, 2000.

Yonnet, P. *Huit leçons sur le sport*. Paris: Gallimard, 2004.

3 UM MUNDO MELHOR, UMA OUTRA EDUCAÇÃO FÍSICA

João Batista Freire

A educação física nasceu branca e européia, e foi assim que chegou ao Brasil, como, de resto, quase todas as coisas que por aqui chegaram desde que Cabral aportou nestas terras, ou melhor, desde que aportaram Dom João VI e sua corte, fugidos de Napoleão, em 1808. De acordo com Carmen Soares (1994, p. 96):

> A chegada da corte portuguesa dá início a um processo de renovação cultural, colocando novas necessidades para a sociedade brasileira como, por exemplo, a escola e a vida nas cidades. Até a chegada da corte, tanto a escola quanto as cidades não despertavam interesse ou preocupação por parte das famílias nativas de elite.

Tal acontecimento coincide com o surgimento, em países europeus, das organizações de ginástica propostas por autores como Guts Muths e Per Henrik Ling, entre outros (Soares, 1994). A educação física, portanto, chegou pronta para ser consumida. Não importava se aqui moravam pessoas, como de fato moravam antes de Cabral e de Dom João VI, ou se os mestiços que das misturas resultaram em solo brasileiro tinham as próprias esperanças: eram apenas nativos, eram apenas mestiços. Tinham tão pouca importância quanto os incas do outro lado da cordilheira, mesmo que, à sua maneira, professassem uma verdade, uma ética, pois esta não tinha correspondência com a ética européia e, portanto, nada significava para os brancos europeus. As raízes de tais ginásticas, Manuel Sérgio (2003, p. 14) conta-nos, estão na idéia, existente desde a Grécia antiga, de que, "Se o corpo é natureza, está aí para ser controlado e manipulado pela razão".

Nossas raízes européias têm as raízes que a Europa tem. Delas decorre uma ética que não pode reconhecer o corpo que somos. Se assim não fosse, que grandeza teriam Kant e Hegel (que dizia que o espírito germânico é o espírito do novo mundo), entre outros dos grandes pensadores da modernidade? O que chamou a atenção de Dussel (2000, p. 51)

> é que o espírito da Europa (germânico) é a verdade absoluta que se determina ou se realiza por si mesma sem dever nada a ninguém. Esta tese, que chamarei de "paradigma eurocêntrico" (por oposição ao "paradigma mundial"), é a que se impôs não só na Europa ou nos Estados Unidos, mas também em todo o mundo intelectual da periferia mundial.

E, quando por aqui chegaram, os europeus encontraram corpos — e corpos nus em contato íntimo com a natureza, algo desconhecido do outro lado do Atlântico e ao norte. Civilizar esse povo nu implicava, entre outras coisas, fazê-lo abrir mão do corpo que era. Civilizá-lo significou vesti-lo com uma roupagem européia que jamais se ajustou ao dono. Não é mau ser europeu, pelo contrário: mau é ser falso europeu, como o somos no Brasil, desde 1500.

LIBERTAR-SE DO CORPO

Trata-se, antes de tudo, de afirmar um conceito de vida, uma maneira de viver, uma ética, em oposição a outra, secular, eurocêntrica, cuja raiz é a negação do próprio corpo como entidade de realização da vida. Do ponto de vista dessa cultura, inaugurada com o ciclo das navegações no final do século XV, a realização humana, para uns, não se faz nesta vida, posto que aqui estaríamos apenas de passagem, preparando-nos para um devir que não é corporal. Para outros, a realização é racional; o corpo é outra coisa, outra entidade, uma extensão do que, de fato, tem sentido: a razão. No entanto, esse modelo passou a ser imposto a todo o mundo conhecido, inicialmente aos povos dominados da África e da América, independentemente da ética que os movia.

No caso dos brasileiros, começando pelos chamados povos indígenas e depois os mestiços que somos quase todos nós, a vida de realização corporal se manifesta com insistência, apesar da catequese. Vemo-lo nas festas, nos banhos, nos jogos, mas isso se dá também entre os europeus e os norte-americanos (filhos diletos dos europeus), porquanto entre eles há suas festas, seus amores, suas paixões. A diferença está na ênfase, na insistência com que os povos não-europeus marcam sua presença. Como se nós, do chamado Terceiro Mundo, disséssemos não pelo discurso oral mas pelo corporal que, se há uma vida a realizar, é aqui, neste tempo que nos cabe no planeta, que devemos realizá-la.

Mais que quaisquer outras, as expressões "meu corpo" e "nosso corpo" indicam que esse corpo se trata de um objeto ao qual alguém, que não é ele, se dirige objetivamente. Vivemos, nesta civilização, como se o corpo fosse nosso objeto direto. Ele não é nós, está fora de nós, está à nossa frente, nos pertence.

Afinal, o corpo morre. Porém, convenhamos: no sentido material, todo corpo é imortal. Findas as manifestações de vida (no caso do ser humano, as possibilidades motoras: nada mais se move, o coração já não bate, os pulmões não respiram, o cérebro não emite sinais), a matéria se degrada, mas não desaparece; apenas toma outras formas, iniciando outro ciclo no planeta. O pavor refere-se, portanto, não à morte corporal, pois, nesse caso, não há morte definitiva, mas à morte da consciência: como indivíduo consciente, a idéia de não existir é a que mais angustia. É preciso, é absolutamente necessário, acreditar que há algo mais em todos nós que não pereça com o fim do corpo (Freire, 1991). A religião sempre esteve aí para nos indicar a saída para nossas angústias. Mais recentemente, a ficção científica (*2001 – Uma odisséia no espaço*) e a ciência também o fazem. Já não são incomuns manifestações de cientistas quanto ao desejo de superar o corpo perecível por alguma outra entidade que abrigue aquilo que verdadeiramente somos, isto é, apenas razão. David Le Breton (2003, p. 123) adverte quanto a essa questão em brilhante ensaio publicado no Brasil:

> *O corpo é visto por alguns entusiastas das novas tecnologias como um vestígio indigno fadado a desaparecer em breve. Ele se transforma em membro excedente, em obstáculo à emergência de uma humanidade (que alguns já chamam de pós-humanidade) finalmente liberta de todas as suas peias, das quais a mais duradoura é o fardo do corpo.*

Le Breton não se refere a bispos ou feiticeiros, mas a homens de ciência que, em seus laboratórios, dedicam uma existência à investigação de possibilidades de virmos a nos libertar do empecilho causado por essa entidade denominada corpo. Claro está que ele comenta sobre aqueles que, corajosamente, encaram o problema e declaram seus objetivos. Porém, de maneira geral, a ciência moderna não faz outra coisa senão declarar a superioridade da razão (entidade não sensível, não orgânica), quaisquer que sejam os adereços (porque, enfim, há sempre uma filosofia em toda ciência).

Em outra passagem, Le Breton (2003, p. 125) escreve:

> G. J. Sussman, professor do Massachusetts Institute of Technology (MIT), lamenta não obter agora a imortalidade que lhe parece tecnicamente tão próxima. Sonha em desvencilhar-se de seu corpo e assim livrar-se da morte: "Se você for capaz de fazer uma máquina que contenha seu espírito, então a máquina será você mesmo. Que o diabo carregue o corpo físico, não interessa. Uma máquina pode durar eternamente. Mesmo se ela pára, você pode ainda transferir-se para um disquete e ser transportado até uma outra máquina Todos gostaríamos de ser imortais..."

Não se trata de meros especuladores, de pesquisadores irresponsáveis, de agitadores, mas de sérios homens da ciência, alguns dos mais respeitados do mundo, os que pensam assim: Sussman, Marvin Minsky, Robert Jastrow, D. Ross.

UMA OUTRA EDUCAÇÃO FÍSICA

Lembro-me de um episódio em que o professor Manuel Sérgio, para se referir ao corpo e à motricidade como condições de realização desta vida, pegou uma caneta (cito de memória) e disse que, se a deitasse fora, apesar de a caneta ser sua, ele continuaria sendo ele. Ao passo que o corpo, sendo dele, se o deitasse fora, não poderia ser mais ele. Quão antagônica é sua visão quando comparada à do astrofísico norte-americano Robert Jastrow (1987, p. 159):

> Quando o conhecimento do cérebro tiver chegado a esse ponto será possível a um cientista livre de preconceitos gravar os conteúdos da sua própria mente e transferi-los para os meandros metálicos de um computador. Posto que a mente constitui a essência do ser, poderá dizer-se que esse cientista entrou no computador, e que, doravante, vive no seu seio.

E, por motivos que não cabe aqui relatar, pensadores que não professam essa verdade, tal como a estabelecem Jastrow e seus contemporâneos, seguem alijados do debate ético sobre as ciências e, muitas vezes, são desqualificados. Portanto, é bom que se afirme, sempre que houver oportunidade, a maneira de pensar de um Manuel Sérgio ou, de outra perspectiva, a de um Ernst Bloch (2005, p. 26):

> *A vontade última é a de estar verdadeiramente presente. De tal modo que o instante vivido pertencesse a nós e nós a ele e fosse possível dizer a ele: "Dure eternamente!" O ser humano quer finalmente estar no aqui e no agora sendo ele mesmo, sem adiamento nem distância entrar na sua vida plena. A vontade utópica autêntica não é de forma alguma um almejar infinito, ao contrário: ela quer o meramente imediato e, dessa forma, o conteúdo não possuído do encontrar-se e do estar-aí* (Dasein) *finalmente mediado, aclarado e preenchido, preenchido de modo adequado à felicidade.*

Creio que, entre aqueles que se localizam no campo da chamada educação física, Manuel Sérgio foi o primeiro que denunciou com clareza essa ética da negação que funda tal campo pedagógico. Negação insistentemente praticada pela religião, porém, como demonstrei linhas atrás, também pela ciência moderna de modo geral. Comentando essa filosofia da negação, a partir dos gregos e, depois, de Descartes, Manuel Sérgio (2003, p. 12) escreveu: "E, olhando o corpo como objecto, funcionando como uma máquina, a medicina progride e nasce a educação física". De Portugal o pensador nos alerta, antes mesmo que o percebamos, apesar de toda nossa militância. Havia uma mal nominada educação física que, para os não-europeus, era inadequada, não nos permitia a liberdade de viver. Porém, os europeus são como nós, corpo, e só como corpo se realizam, por mais que sua modernidade negue isso. O nome "educação física" é adequado, sim, quando se pretende afirmar tal negação. Mas é inadequado, dada sua raiz, quando, de outro ponto de vista que não o da modernidade, afirmamos que queremos viver neste mundo, este tempo de vida, queremos saciar a fome, realizar as alegrias, seguir as paixões, desfilar nossa sensualidade. É isso que fundamenta a denúncia de Manuel Sérgio e o faz repudiar uma disciplina cujo nome justifica uma ética que impede a dignidade da vida material.

Parece-me, nesse ponto, que se pode filosofar em outros idiomas que não o alemão. Enrique Dussel (2000, p. 28), por exemplo, é argentino, e diz: "Queremos deixar bem claro que uma ética do cumprimento das necessidades (comer, beber, vestir, morar...) da vida afirma a dignidade unitária do sujeito ético-corporal".

A confusa reação que profissionais da educação física promoveram na década de 1980 tinha, como pano de fundo, esse mote: outra educação física, outra ética. A disciplina que praticávamos nas escolas, nas academias e nos clubes dirigia-se a outro ser humano, que não era deste mundo, que não era corpo, que devia negar tal corpo. A reação de 1980, que pediu ajuda a Manuel Sérgio mas não o compreendeu, queria, mesmo sem ter clara consciência disso, inventar uma nova disciplina, mas adotou para ela o mesmo nome impregnado da ética moderna produzida e imposta pelo modelo centro-europeu. Não podia dar certo.

O CASO DO FUTEBOL

A discussão de uma ética que fundamente um modo de pensar — talvez uma ciência —, tendo como decorrência uma pedagogia, faz-se mais claramente por meio de exemplos concretos, coisas do cotidiano, pois, como já mencionado aqui, trata-se de outro ponto de vista, trata-se da realização material da vida, da esperança de viver o corpo que somos. No caso do Brasil, os esportes, as festas, os banhos, o sexo, entre outros exemplos, poderiam ser invocados para ancorar a discussão teórica. Escolho, no momento, o futebol.

Quem inventou o futebol moderno foram os ingleses. De resto, quem inventou os esportes, tais como os conhecemos na modernidade, foram os europeus e os norte-americanos, salvo raríssimas exceções. Praticando-os ao modo europeu, estaríamos sempre em desvantagem nos confrontos — assim como as mulheres, que, ao praticar esportes inventados para os homens, levam nítida desvantagem. Mas nós brasileiros não inventamos os esportes. Portanto, o que fazer? Ora, simplesmente reinventamos o futebol, assim como outros sul-americanos. E nos saímos bem, tanto quanto os argentinos. Passamos, do nosso jeito, a jogá-lo melhor que os ingleses. Um Garrincha foi capaz de submeter ingleses, russos e suecos ao seu modo de jogar. E, a partir da década de 1950, o mundo inteiro passou a observar, com assombro, uruguaios, brasileiros e argentinos jogando o futebol europeu melhor do que os europeus; mas já não era o futebol inglês, havia um jeito sul-americano de jogar. O esporte afirmava que era possível, deste lado do Atlântico, as pessoas terem atitudes que revelassem outro jeito de ser, um jeito mais ao modo de seus habitantes.

Até o início da década de 1970, o jeito de jogar futebol dos brasileiros — as habilidades originalmente exercidas pelos jogadores, o lúdico predominando sobre a força física — afirmou-se. Foi quando alguma coisa muito importante mudou. Mais ou menos nessa época, o dramaturgo Plínio Marcos, um dos mais polêmicos da história do teatro brasileiro, disse que o futebol brasileiro estava se acabando e era a ginástica (educação física) que estava causando o estrago. O excesso de preocupação com a força física atrapalhava a habilidade brasileira de jogar futebol. Creio que ele acertou em cheio. Foi exatamente na década de 1970 que começamos a acreditar que era preciso reunir as mesmas qualidades que os europeus para esse esporte. E passamos a perseguir esse objetivo, sem perceber que abríamos mão, para tanto, das qualidades que só os sul-americanos tinham. Perdemos nosso trunfo.

Do meu ponto de vista, essa história explica-se da seguinte maneira: a reinvenção do futebol à brasileira deu-se à revelia da educação física. Nossos jogadores foram forjados nos campos de várzea, nos pequenos espaços de areia, terra ou grama que grassavam pelo Brasil afora. Nossos jovens não aprenderam sozinhos, não foi uma mágica; aprenderam porque havia uma pedagogia, que eu chamo de pedagogia da rua, uma pedagogia popular, uma verdadeira escola em que crianças aprendiam com crianças e com os mais velhos, onde os jovens aprendiam a jogar jogando. Uma pedagogia tão sábia que ensinou que o melhor jogador era o que melhor sabia jogar, isto é, o que era mais lúdico – Garrincha como exemplo maior. Nosso professor de futebol não foi nenhum sistema sofisticado de educação física. Foi exatamente porque não foi a educação física, repito, branca e européia, a nos ensinar o futebol que pudemos praticá-lo de um jeito só nosso.

Era preciso destruir o modelo brasileiro e sul-americano; caso contrário, ele prevaleceria por muito mais tempo – e já se tornava insuportável para europeus e norte-americanos assistir a tantas vitórias de brasileiros e argentinos. O antídoto para essa cultura tão típica já existia: era preciso fazer que a educação física assumisse o futebol, prática para a qual sempre fechara os olhos. E ela assumiu, seguindo os sábios conselhos das ciências modernas que orbitavam ao seu redor (a fisiologia do esforço, a biomecânica etc., as chamadas ciências do esporte).

Em 1970, a conquista do título mundial de futebol pela seleção brasileira foi de tal forma espetacular que o mundo todo se empolgou com o evento. Diversos setores da ciência dedicaram-se às análises do feito. Ora, pela primeira vez um trabalho extremamente meticuloso de preparação física foi não apenas realizado, mas amplamente divulgado por seus orientadores. De certa maneira, para os setores científicos da educação física, o trabalho de preparo físico destacou-se mais que as habilidades técnicas, ou que a arte de jogar futebol dos atletas brasileiros. A partir de então, a educação física assumiu o futebol. E, por mais que tenham ocorrido fracassos, a insistência nos chamados métodos científicos de preparação persistiu. Ninguém parou para observar que o sucesso da seleção de 1970 talvez se devesse mais à extraordinária arte de jogar futebol de nossos jogadores, vários deles herdeiros do período de ouro do futebol, como Pelé, Gérson, Jairzinho e Rivelino, que à preparação física. Não pretendo desmerecer, com isso, a importância do preparo físico, mas apenas colocá-lo em seu devido lugar, isto é, abaixo, numa escala hierárquica, do preparo técnico, ou mais, da arte de jogar futebol. Por mais eficaz que tenha sido a equipe de preparação física daquela seleção, o que definiu o sucesso foram a técnica e a arte dos jogadores e do preparador técnico.

O fato é que, nos 24 anos seguintes, corremos atrás dos europeus, isto é, tentamos imitar seus métodos, tentamos transformar nossos jogadores em homens musculosos, velozes e resistentes, como os louros suecos, ingleses e alemães. Não nos passou pela cabeça que preparação física pode ser outra coisa, mais conectada com a técnica, com o lúdico.

Apesar disso, é tão grande a quantidade de praticantes do futebol no Brasil que os artistas continuaram a aparecer (a pedagogia da rua continua, espalhada pelo país), alguns deles anulados precocemente nas tais escolinhas e nas equipes de base, obrigados aos exercícios de repetição mecânica e aos trabalhos de força. A educação física, com seus métodos de europeização dos brasileiros, não conseguiu evitar o surgimento de craques como Romário, decisivo na conquista da Copa de 1994. Apesar disso, a vitória foi creditada aos métodos científicos de preparação do técnico na época, Carlos Alberto Parreira, que discursava com palavras acadêmicas e analisava o futebol em linguagem tão hermética que poucos o entendiam, embora, por isso mesmo, o respeitassem. O fato é que os times da Copa de 1994, de modo geral, apresentaram um futebol de tal maneira medíocre que venceu, talvez, o menos medíocre.

Exceto pela Argentina de Maradona, o futebol seguiu sendo medíocre no mundo todo, incluindo, agora, a seleção brasileira, que passou a viver dos feitos esporádicos dos craques que escapavam da degola da educação física. Técnicos brasileiros passaram a se vestir durante os jogos como os técnicos europeus, tentando, pateticamente, com seus ternos e gravatas, apagar a imagem do Terceiro Mundo que somos (embora sejamos Primeiro Mundo no futebol). Depois veio a conquista da Copa do Mundo de 2002, e a educação física foi cantada em verso e prosa — pois esquecemos que essa copa foi decidida, em boa parte, pelos métodos pouco científicos mas extremamente intuitivos do senhor Luiz Felipe Scolari e por um craque espetacular, gordo e com um joelho quase inutilizado, Ronaldo Nazário, que desafia todas as análises das ciências do esporte. E, é claro, também fomos favorecidos pela mediocrização do futebol mundial, que só aumentou.

Nossas ilusões se desvaneceram quando, em 2006, depois de arregimentar um dos melhores conjuntos artísticos da história do Brasil, jogamos como europeus, nosso técnico falou como europeu — e um falso time europeu fracassou diante dos verdadeiros europeus. Deu pena ver Ronaldinho Gaúcho arrastando-se burocraticamente pelos gramados. Não era o futebol brasileiro. O futebol, nosso ouro encarnado mais genuíno, deixou de ser nosso, foi levado para a Europa, seguindo o mesmo itinerário da madeira e dos metais preciosos. A seleção brasileira de 2006 era européia.

Palas Atena não perdoou o acinte dos brasileiros. Se jogassem como brasileiros, a derrota, tal como a ocorrida em 1982, seria apenas conseqüência do jogo, que por suas características é sempre imprevisível. Os métodos do técnico Carlos Alberto Parreira tentavam evitar o risco a todo custo, ao passo que o jogo implica risco o tempo todo.

Fechamos, portanto, o círculo. O futebol brasileiro, durante um período símbolo maior das possibilidades de manifestação de outro jeito de viver que não o imposto pela modernidade, um jeito próprio de um povo não-europeu, deixa-se enredar pelos métodos modernos científicos de uma educação física que nunca assumiu outra identidade que não a européia. E voltamos a ser ingleses, franceses, italianos e alemães, portanto, teoricamente piores que os verdadeiros. Há formas e formas de dominação na modernidade centro-européia.

O PONTO DE VISTA DE MANUEL SÉRGIO

Manuel Sérgio está coberto de razão em dois de seus pontos fundamentais. Primeiro, ao afirmar que há algo diferente a ser pesquisado: a motricidade humana. Ele queria dizer que era possível investigar o corpo no corpo, e não apenas o espírito no corpo. Em segundo lugar, acertou ao procurar no Brasil ambiente fértil para seu trabalho, pois suas idéias tratam de outra ética, uma ética material, de realização da vida em estado corporal, neste tempo de vida. "É no acto", segundo Manuel Sérgio (2003, p. 23), "que brota criativamente a percepção da existência, compreendendo-se então que ser é agir, uma vez que é no agir que eu me faço, fazendo". Errou, no entanto, ao vir para o Brasil e abrigar seu trabalho inicialmente na Unicamp e, depois, em outras universidades, ou seja, no nicho ecológico da educação física, tão europeu quanto as universidades européias. A educação física não podia apoiá-lo, seria seu fim; precisava combatê-lo para sobreviver. Manuel Sérgio não tinha outra alternativa senão propor a morte da educação física, como o fez. Ela não tinha alternativa senão escorraçá-lo, como logrou fazê-lo.

As teses de Manuel Sérgio não estão de acordo com as teses modernas. Eu diria que são teses pós-modernas. Se pegarmos o que escreveu Kant, mesmo Hegel, os compromissos de realização humana não são deste mundo material. Quando Manuel Sérgio reivindica uma investigação do corpo como a entidade que somos, prega a realização da vida neste mundo, uma vida que aqui deve ser construída, que está sob nossa responsabilidade, sem as heranças que os grandes pensadores modernos, enfim, colocam acima de toda experiência sensível. Lê-se em Kant (1991, p. 27):

> *Muito mais significativo que todo o precedente é o fato de que certos conhecimentos abandonam mesmo o campo de todas as experiências possíveis e parecem estender o âmbito dos nossos juízos acima de todos os limites da experiência mediante conceitos aos quais em parte alguma pode ser dado um objeto correspondente na experiência.*

Em Manuel Sérgio (2005, p. 82), trata-se de outro ponto de vista, outra filosofia, outra ética: "Na motricidade, o corpo não é um simples objecto, ao jeito cartesiano, porque 'eu sou o meu corpo'". No livro *Para um novo paradigma do saber e... do ser*, Manuel Sérgio rompe com uma longa tradição. Podemos encontrá-la, em seus primórdios, no diálogo chamado Fédon. Símias e Sócrates debatiam, enquanto este último aguardava a morte, condenado que estava a tomar cicuta. Todos sabemos que Sócrates não escreveu. No Fédon, quem escreve é Platão (1991, p. 67), que relatou o diálogo transcrito em parte abaixo:

> [...] quem, senão aquele que, utilizando-se do pensamento em si mesmo, por si mesmo e sem mistura, se lançasse à caça das realidades verdadeiras, também em si mesmas, por si mesmas e sem mistura? E isto só depois de se ter desembaraçado o mais possível de sua vista, de seu ouvido, e, numa palavra, de todo o seu corpo, já que é este quem agita a alma e a impede de adquirir a verdade e exercer o pensamento, todas as vezes que está em contato com ela? Não será este o homem, Símias, se a alguém é dado fazê-lo neste mundo, que atingirá o real verdadeiro?

Poderíamos invocar o carnaval entre os tantos exemplos possíveis de brado contra a modernidade que nos foi imposta, porém até ele, de certa maneira, sofre o mesmo processo de reversão do futebol. Europeíza-se quando se submete ao regime global de encerrar os foliões em espaços disciplinados "para inglês ver". O carnaval carioca desfilado no sambódromo e nas telas de televisão pouco tem que ver com o carnaval brasileiro. O desfile poderia ser feito em qualquer outra época do ano.

MARIA, MARIA
Enfim, se somos corpo, não há realização possível que não se faça pela produção material. A motricidade é a dinâmica de realização da vida corporal que somos; é o modo como a vida que, em dado momento, somos nós se manifesta neste mundo.

Ora, se continuo afirmando, como afirmei em obra anterior (Freire, 2002), que um dos objetivos que dão sentido à educação é ensinar cada pessoa a ser ela mesma, então só podemos daí concluir que, antes de qualquer outra coisa, as pessoas devem ser ensinadas a viver corporalmente, pois essa é a sua primeira realidade. Não podemos realizar nossa vida se negarmos aquilo que somos. Os *a prioris* dos pensadores modernos vieram de onde? Um conhecimento anterior a qualquer experiência deste mundo, enfim, segundo tais pensadores, não tem a perecibilidade que a carcaça material que habitamos possui. Nada disso; a vida não nos dá esse salvo-conduto. Nem sequer nos dota de *a prioris* que nos permitam saber antecipadamente o que fazer diante do mundo. Tudo nos surpreende, tudo exige esforço e construção. Quando muito, sabemos aprender, mas esse aprender não tem qualquer sentido se não há, em cada circunstância, algo para ser apreendido — que é esse mistério do inusitado, da vida que somos nós, fazendo-se a cada instante.

Eu diria que essa é a finalidade mais nobre da educação, isto é, a missão de ensinar — no sentido que emprestou ao termo Paulo Freire — Maria a ser Maria, única, inconfundível. Enquanto não aprendemos a ser nós mesmos, inconfundíveis, ainda estamos à procura de nós, ainda não há disponibilidade para o outro. E que isso não seja confundido com a busca incessante e obstinada de uma individualidade voltada apenas para si mesmo. Trata-se, pelo contrário, de ser disponível para a solidariedade, para a compaixão, para o amor, para a possibilidade de verdadeiras trocas entre diferentes, porque só as diferenças podem ser trocadas.

> *É preciso, sobretudo, e aí já vai um destes saberes indispensáveis, que o formando, desde o princípio mesmo de sua experiência formadora, assumindo-se como sujeito também da produção do saber, se convença definitivamente de que ensinar não é transferir conhecimento, mas criar as possibilidades para a sua produção ou a sua construção.* (Freire, 1996, p. 25)

Em sua crítica, sempre poderosa, Merleau-Ponty (1999, p. 56) não poupa nem o empirismo nem o intelectualismo:

> *O que faltava ao empirismo era a conexão interna entre o objeto e o ato que ele desencadeia. O que falta ao intelectualismo é a contingência das ocasiões de pensar. No primeiro caso, a consciência é muito pobre; no segundo, é rica demais para que algum fenômeno possa solicitá-la. O empirismo não vê que precisamos saber o que procuramos, sem o que não o procuraríamos, e o intelectualismo não vê que precisamos ignorar o que procuramos, sem o que, novamente, não o procuraríamos.*

Como poderia um ser humano – determinado, no caso do intelectualismo, por suas disposições inatas ou, no caso do empirismo, por contingências externas – assumir a responsabilidade por sua educação, educação no sentido de assumir o próprio destino e construir-se mais humano para uma vida melhor? Como poderia Maria se formar Maria, única e inconfundível neste mundo, caso o mundo não apresentasse a ela um cenário repleto de novidades que denunciassem suas faltas e necessidades de construção? Se tudo que Maria tivesse de ser já viesse desde sempre previsto nas suas heranças biológicas, de que forma poderia ser única e inconfundível, uma vez que seus caminhos não seriam criados por ela? E, mesmo que o gênio da criação nos fizesse a todos diferentes, por qual motivo Maria teria de ser solidária? Nenhum outro precisaria de sua ajuda; o que teria de ser já estaria disposto desde sempre. E por qual motivo Maria teria de alimentar a esperança? Nem sequer faria sentido essa palavra num mundo absolutamente determinado. Caso as teses racionalistas ou intelectualistas estivessem com a verdade, que pedagogia decorreria dessa verdade? Que esperança haveria para os povos do chamado Terceiro Mundo? O racionalismo reflete a maneira de pensar inaugurada pelo chamado modernismo há mais de cinco séculos. Qualquer que seja a atitude prática tomada com base nele, a busca não está aqui neste mundo, não está na sensibilidade, no corpo. O mundo é o mundo das idéias. Quanto às determinações, elas se aplicam igualmente às teses empiristas, tão duramente criticadas por Merleau-Ponty. Seriam igualmente poderosas, porém de sentido inverso. Ficaríamos ao sabor das sociedades, tal qual se estivessem organizadas.

Interessante é verificar que a escola, mais explicitamente no caso do empirismo e mais sutilmente no caso do racionalismo, coloca em prática ambas as teses.

Quero concluir este capítulo discorrendo, como alternativa, sobre outra tese, já anunciada linhas atrás. A idéia de que uma das finalidades maiores da educação é a de ensinar as pessoas a serem elas mesmas, únicas e inconfundíveis, considerando isso como fundamento de uma educação para a democracia. Complemento essa idéia afirmando que a realização humana depende do reconhecimento de que nossa vida é uma vida de realização corporal. Para que cada um se reconheça como único e inconfundível, a educação liga-se à idéia de que esse é o reconhecimento da condição corporal, única possível no mundo em que vivemos.

Tempos atrás defendi essa possibilidade educacional num livro chamado *O jogo: entre o riso e o choro* (2002), afirmando, entre outras coisas, que a prática que melhor cumpre tal finalidade é a prática lúdica.

Na raiz dessa idéia, existe a gravíssima constatação de que um ser humano não pode se realizar buscando ser aquilo que não é. Esclarecendo: as populações, de modo geral, passam pela vida material negando a própria materialidade. Investem no que vem depois, abalizadas somente nas profecias. O aqui e agora, a vida material de relações corporais, torna-se objeto de descaso, punições e negações de várias ordens. A questão é: a humanidade pode ser feliz, pode se realizar, negando aquilo que é?

Sintomático disso é verificar que nas escolas, por exemplo, as crianças não são tratadas como crianças; menos ainda os adolescentes são tratados como adolescentes. Querem que as pessoas sejam aquilo que não podem ser. João não pode ser Pedro, Antonio não pode ser João. Mas, quando abrimos os olhos, o que vemos à nossa frente é o outro, nosso espelho de sempre. E é ele como modelo que tendemos a seguir. Por isso a educação não pode ser uma prática apenas objetiva, uma prática só de olhar para fora, mas deve ser também, e igualmente importante, uma prática de olhar para dentro. A tomada de consciência, enfim, é uma prática de olhar para dentro. O aluno vê o professor à sua frente, mas ele não pode ser como o modelo que se lhe afigura, ele tem de aprender a ser ele — e isso só poderia ser obtido pelo próprio aluno, pois esse aluno tem uma história. Suprimem-se as condições ambientais que permitem que, numa escola, uma criança seja criança e, pior, as condições que lhe permitem viver corporalmente; ela permanece encerrada quatro horas ou mais, por dia, em salas fechadas e com carteiras exíguas, não mais que meio metro quadrado para se movimentar. Leva nisso cerca de doze anos de escolaridade. Não há negação mais radical da corporeidade de uma pessoa que isso; nem mesmo nas prisões.

Uma das hipóteses mais notáveis de Piaget (1985), autor que teve, entre outros méritos, o de eleger a coordenação motora como base de suas observações sobre a inteligência humana, é aquela que supõe que, para superar um obstáculo qualquer, o sujeito cria, antes de agir, certo número de possibilidades, entre as quais uma poderá servir para solucionar o problema. O obstáculo ou problema pode ser constituído por qualquer coisa que soe como nova ao sujeito, não importa se isso ocorre no nível motor ou mental. Exemplificando: se uma criança pequena tem de saltar um obstáculo que ainda não conhece, dada a sua altura, antes de fazê-lo criará (inconscientemente) alguns possíveis, escolhendo entre eles o que parece ser o mais adequado (repito, esse processo é inconsciente na criança e muito pouco consciente no adulto). Isso quer dizer que os problemas são aberturas para a ampliação da inteligência (refiro-me aos atos de solução de problemas, quaisquer que sejam; todas as pessoas podem ou não ser inteligentes, nesta ou noutra circunstância qualquer). Porém, vale destacar: mesmo sendo inconsciente o processo de abertura dos possíveis, o fato de haver obstáculos, isto é, algo novo para incorporar, para solucionar, para conhecer, significa, para o sujeito, voltar especialmente a atenção para algo, o que desencadeia um processo de tomada de consciência e faz que, pelo menos parcialmente, elementos desse processo cheguem à consciência. Quando as crianças precisam realizar um jogo coletivo, cuja solução requer cooperação, e têm de buscar as soluções por meio de tentativas, diálogos (entre elas, entre elas e os professores ou outras pessoas) etc., essa atenção, que leva à descoberta da necessidade de organização do grupo, desenvolve certa consciência sobre a habilidade de cooperar.

Tudo isso significa que situações novas e possíveis são de vital importância para o desenvolvimento humano — quando admitimos um conceito amplo de inteligência. Como afirmou Piaget, antes de dar conta de um problema, o sujeito o torna possível, abrindo possibilidades. As tarefas de rotina, predeterminadas, como geralmente ocorre nas escolas, são pouco frutíferas quanto a isso; há pouca escolha da parte do aluno. As informações técnicas tornam-se mais importantes que a formação da inteligência. Aprender algo específico passa, na escola, a ser mais importante que aprender a pensar ou aprender a aprender.

Na raiz dos vícios escolares está a obsessão pela objetividade. Nada tenho, de modo geral, contra a ciência acreditar que está observando algo exterior ao cientista, e que este não se envolve com o objeto pesquisado (embora eu não acredite nisso), ou seja, que é fielmente objetivo. Mas, em pedagogia, tenho tudo contra levar o aluno a olhar somente as coisas que estão fora dele, quando todos sabem que absorvemos a experiência ao vivê-la, tornando-a matéria de imaginação, de reflexão. Portanto, se o aluno não puder olhar para dentro de si, não poderá refletir sobre as experiências que viveu.

Com isso pretendo justificar uma pedagogia lúdica. Em parte porque se trata de crianças, e crianças apreciam, mais que qualquer outra coisa, o jogo. Em parte porque jogar é uma atividade predominantemente simbólica, portanto uma atividade voltada para dentro do jogador. Jogar é imaginar, é representar simbolicamente, inclusive quando se trata de jogos motores. Ora, esse voltar-se para dentro, típico do jogo, é um embrenhar-se nas entranhas de si mesmo, isto é, o jogador quando joga volta-se para si. Ao representar o que joga, ao representar o que observou fora dele, representa a si mesmo. Portanto, jogar é auto-representar-se, para tomar de empréstimo uma afirmação de Gadamer (2002).

E jogo de vai e vem (expressão também de Gadamer), que faz o jogador transitar entre a experiência empírica, objetiva, e a experiência interna, subjetiva, é o que permite que a pessoa, sem perder a noção da realidade (graças à experiência empírica), volte-se para si, formando uma auto-imagem, construindo o corpo que ela é, tornando-se ela mesma.

Resumindo, a experiência lúdica é mais fértil para a formação do sujeito como sendo ele mesmo que a experiência não lúdica, especialmente quando se trata de crianças. O jogo, nessa pedagogia, desempenha função particularmente estimulante. Sartre (1999, p. 711) afirmou que "o desejo de jogar é, fundamentalmente, desejo de ser".

Concluo com uma transcrição do que escrevi no livro *O jogo: entre o riso e o choro* (2002, p. 106):

> [...] o sujeito, se puder dispor entre uma miríade de possíveis entre os quais escolher, fará, por fim, a única escolha que, de fato, interessa à sua formação: a escolha por ser ele mesmo, condição indispensável para que, de posse da autonomia que tal condição confere, possa estar com o outro.

Epílogo

Volto ao ponto de partida. A educação física, se tem por fundamento as bases do pensamento europeu, comunga nisso com toda a educação ocidental. Os currículos que por aqui aplicamos não foram feitos para todos nós, pelo menos não para aqueles que a sociedade, tal como é estruturada em nosso país, desconsidera, isto é, aqueles que são economicamente empobrecidos, ou as vítimas, para utilizar uma expressão de Enrique Dussel (2000). Por mais alentadoras que sejam as palavras postas em cada currículo, por mais promissores que sejam os objetivos declarados, as crianças e os adolescentes permanecerão seus doze anos de ensino básico encerrados fisicamente em reduzidos espaços de meio metro quadrado aproximadamente. Não podem se movimentar. Essa restrição corporal é uma das peças mais importantes dos currículos e está perfeitamente de acordo com o pensamento europeu, que firmou uma tradição que já dura mais de quinhentos anos. Se esse componente é grave para as crianças e adolescentes das escolas brasileiras no geral, que dirá para as vítimas do sistema em que vivemos. Chegam, muitas vezes, ao final da primeira parte do Ensino Fundamental (quarta série ou, agora, quinto ano), sem dominar minimamente a leitura e a escrita. Ora, quando um jovem de classe média aprende pouco na escola, por mais grave que seja isso, outros meios de educação estão à sua disposição. A família garante acesso a meios de comunicação, a viagens, a cursos de formação especial, e assim por diante. Isso não assegura uma formação sólida, mas amplia as oportunidades. A criança da classe mais desfavorecida não; se não aprende na escola, isso pode tornar sua vida, daí por diante, uma tragédia. Os comandantes do tráfico de drogas e do subemprego mantêm-se de plantão para recrutar esses jovens desassistidos.

 Os currículos escolares, em seus componentes mais centrais, são aceitos como inevitáveis, como se não houvesse outra forma de educar que não fosse essa, prevista séculos atrás. Como afirmei no início deste texto, é uma educação que funciona em certo contexto, de acordo com certa ética. Porém, se for considerada outra ética que não a centro-européia, uma ética que compreenda que a vida é uma vida de realizações corporais, que a vida deve ser cumprida aqui e materialmente, independentemente do que veio antes ou do que virá depois, aí sem dúvida outra educação será necessária. Particularmente creio que negar o corpo, seja na educação, seja na guerra ou na economia, é ruim até para europeus, quanto mais para mexicanos, brasileiros ou venezuelanos. Se essa ética de negação do corpo é ruim para os ricos, que dirá para os pobres.

Alio-me, portanto, aos que defendem uma educação baseada em outra ética. Uma educação que, independentemente de ser educação física, matemática ou português, considere que há mais que pensamento para ser educado. Eu não existo porque penso, mas porque vivo. Minha existência não se faz sem corpo, porque sou corpo. O corpo que sou é a expressão de minha existência neste mundo, e nada posso realizar se não agir corporalmente. É esse agir corporal que dá sentido a um estudo muito particular, a uma investigação que ainda não se fez e que Manuel Sérgio propôs ser uma área científica denominada *ciência da motricidade humana*. Ele está, a meu ver, absolutamente correto: o corpo tem sido estudado, sim, pelas ciências, mas de outras perspectivas, de acordo com outra filosofia, outra ética. Ora, se esse ponto de vista que vem estudando o corpo mais não faz que o negar, o que Manuel Sérgio propõe é novo, é original, pois trata-se de estudar o corpo humano, porém com uma diferença: não nosso corpo humano, mas o humano que é corpo.

A educação física, situando-se nesse outro ponto de vista, tem de ser refundada. O embate a que se assiste no Brasil atualmente, juntando, de um lado, ciências que circulam em torno da educação física (fisiologia do esforço, biomecânica, bioquímica etc.) e pedagogias tradicionais e, de outro, práticas pedagógicas que abraçam uma ética corporal (que considera que cuidar da vida seja cuidar do corpo que somos, da natureza, dos outros), traduz o secular confronto entre aquilo que somos (corpo) e aquilo que queremos ser (espírito, alma ou razão independentes).

Em outras obras, outros escritos, transcrevo as práticas que traduzem tais idéias. Faço-o especialmente no programa que dirijo, Oficinas do Jogo, que integra professores da rede oficial de ensino, os quais, junto comigo, praticam uma modalidade de pesquisa denominada *pesquisa-ação*, isto é, uma pesquisa pedagógica que dá voz ao professor e ao aluno no processo educacional, que transforma o professor em pesquisador e autor. O programa Oficinas do Jogo é independente. Não está ligado a qualquer entidade acadêmica.[1] Produz uma pedagogia que tem, entre outros fundamentos, o lúdico e o belo. A eficácia das ações é orientada e está a serviço da beleza dos gestos, da beleza dos arranjos dos jogos, dos textos etc. Trata-se de perseguir objetivos estéticos, porém de uma estética não somente contemplativa, mas também profundamente vinculada à realização material da vida. Por outro lado, não se trata de deixar para lá os conteúdos e os procedimentos, tornando-os pouco importantes em comparação com a estética. São integrados, um não se faz sem o outro, mas a beleza e a arte (assim como a verdade na ciência) conduzem os procedimentos.

Entre outros procedimentos, no programa Oficinas do Jogo as crianças envolvidas (atualmente perto de 1.600) praticam atividades corporais e lúdicas, construindo criativa e criticamente, junto com seus professores, conhecimentos que, supomos, serão suporte para usufruir e construir melhor a vida a que têm direito.

Enfim, a educação física deveria assumir (talvez até com outro nome) o papel educacional que condiz com um pensamento pós-moderno, avesso às imposições éticas de um modelo que não nos serve, para que possamos, em outro modelo de educação, nos afirmar como povo genuíno. Eu gostaria que tal modelo, se assumido, se estendesse ao mundo todo: somos corpo, e só como corpo podemos realizar a vida de que somos dotados, não importando se nascemos na América do Sul ou na Europa. Estou dizendo com isso que o fundamento do pensamento moderno não permite a realização da dignidade humana. Estou convencido de que toda pedagogia deve agir para ensinar a viver, cada qual na sua tipicidade. No caso da educação física (ou de uma pedagogia corporal com outro nome), esse ensinar a viver é um ensinar a viver corporalmente, isto é, trata-se de uma disciplina pedagógica que ensina as pessoas a viver corporalmente, produzindo seus próprios conhecimentos e emprestando-os de outras ciências.

NOTA

1. O programa Oficinas do Jogo foi vinculado à Universidade do Estado de Santa Catarina por quatro anos. Após esse período, teve de retirar-se da Universidade por não agradar aos comitês de pesquisa que cobravam produções em escala industrial, com o que não concordamos.

REFERÊNCIAS BIBLIOGRÁFICAS

BLOCH, E. *O princípio esperança*, v. 1. Rio de Janeiro: Eduerj/Contraponto, 2005.

DUSSEL, H. *Ética da libertação: na idade da globalização e da exclusão*. Petrópolis: Vozes, 2000.

FREIRE, J. B. *De corpo e alma: o discurso da motricidade*. São Paulo: Summus, 1991.

_____. *O jogo: entre o riso e o choro*. Campinas: Autores Associados, 2002.

FREIRE, P. *Pedagogia da autonomia: saberes necessários à prática educativa*. São Paulo: Paz e Terra, 1996.

GADAMER, H.-G. *Verdade e método: traços fundamentais de uma hermenêutica filosófica*. 2 v. Petrópolis: Vozes, 2002.

JASTROW, R. *O tear encantado*. Lisboa: Edições 70, 1987. (Coleção Universo da Ciência).

KANT, I. *Crítica da razão pura*. São Paulo: Nova Cultural, 1991. (Coleção Os Pensadores).

LE BRETON, D. "Adeus ao corpo". In: NOVAES, A. (org.). *O homem-máquina: a ciência manipula o corpo*. São Paulo: Companhia das Letras, 2003.

MERLEAU-PONTY, M. *Fenomenologia da percepção*. São Paulo: Martins Fontes, 1999.

PIAGET, J. *O possível e o necessário: evolução dos possíveis na criança*. Porto Alegre: Artes Médicas, 1985.

PLATÃO. *Diálogos*. São Paulo: Nova Cultural, 1991. (Coleção Os Pensadores).
SARTRE, J.-P. *O ser e o nada: ensaio de ontologia fenomenológica*. Petrópolis: Vozes, 1999.
SÉRGIO, M. *Alguns olhares sobre o corpo*. Lisboa: Instituto Piaget, 2003.
_____. *Para um novo paradigma do saber e ... do ser*. Coimbra: Ariadne, 2005.
SOARES, C. L. *Educação física: raízes européias e Brasil*. Campinas: Autores Associados, 1994.

REFLEXÃO SOBRE OS CONCEITOS DE SAÚDE E DOENÇA*

4

Gonçalo M. Tavares

> *E um homem veio ter comigo com um macaco doente nos braços e disse:*
> *— Cura o meu macaco.*
> *— Não sei curar animais, não têm alma.*
> BURROUGHS (1997, p. 40)

No significativo prefácio ao seu livro *O mistério da saúde*, Hans-Georg Gadamer (2002) escreve: "Não deve surpreender que um filósofo, que não é médico nem se considera um paciente, tome parte na problemática geral que se apresenta dentro da área da saúde, na era da ciência e da técnica". A área da saúde é também, definitivamente, um problema da filosofia, e não apenas um problema da medicina ou das fisiologias.

* O presente texto é uma adaptação dos subcapítulos "Saúde, Estado e indivíduo" e "Saúde; medicina e imaginário" da tese de doutoramento do autor, "Corporeidade, linguagem e imaginação".

Porque a saúde e a doença abalam, põem em causa e clarificam o conceito de Homem, os limites da corporeidade e as possibilidades e impossibilidades da linguagem e da imaginação.[1]

A saúde, adverte Gadamer (2002, p. 9), "não é algo que se possa fazer". Não se faz a saúde como se faz uma construção, com volume, largura, altura. Será, então, "um objecto de investigação científica na mesma medida em que, quando se produz uma perturbação, se converte em objecto para nós próprios?" Eis uma questão fundamental porque, conclui Gadamer, "em definitivo, a meta suprema é voltar a estar são e assim esquecer que o estamos". Aquilo em que não reparamos, aquilo que não é um desvio, aquilo que não é um acontecimento, aquilo que é uma continuidade — será isso investigável? Terá isso força própria para ser estudado?

Essa questão parece-nos importante, pois há na ciência uma atração quase exclusiva pelo estudo da doença, enquanto a saúde, por outro lado, é entendida como um assunto neutro, incapaz de fornecer dados ou informações com certa *intensidade* (*informações intensas são informações que procriam*, dados que levam a outros, dados que se movem, que alteram; dados ou informações que não são monumentos — coisas paradas — mas movimentos).[2]

Normalmente a saúde é vista como um estado *a que se quer chegar* ou um estado *que não se quer perder*; um bem, portanto, que o portador tenta defender dos roubos ou, não o tendo — a esse bem —, tenta roubá-lo. Mas a questão é: onde pode o corpo adquirir esse bem (a saúde) quando não o tem? Que parte do mundo tem a minha saúde, aquela que eu não possuo?[3]

Poderemos pensar que a saúde ausente pode estar no mundo, algures, e só o cruzamento de um corpo doente com esse espaço-tempo poderá curá-lo ou então, pelo contrário, poderemos pensar que a saúde — que se ausentou do corpo — retirou-se para um local qualquer desse mesmo corpo. A saúde é um ausente-presente, mas aqui se trata de uma presença escondida. Num primeiro entendimento, a saúde que falta ao corpo está no mundo e portanto a questão das *ligações* do corpo é essencial, é o ponto fulcral. Num segundo entendimento, a saúde que me falta está no meu corpo, a medicina conseqüente procurará encontrar dentro do corpo a saúde que ele perdeu dentro de si próprio. Como as chaves perdidas na própria casa: não tens a chave de casa porque a perdeste *em casa*.

Toda a medicina poderá ser encarada, então, como um conjunto de elementos *de busca*: uma medicina que não ataca a doença como um exército ataca outro, mas procura dentro do corpo a saúde, como um grupo de socorristas procura o homem que se perdeu. Essa visão da medicina só poderá ser concebida por quem considera a saúde não como algo neutro, mas como algo com forma, com parâmetros concretos, passíveis de ser estudados. O estudo da saúde justifica-se como investigação positiva (*estudar o que quero alcançar*), e não como investigação negativa (*estudar o que não quero perder*).

SAÚDE E "QUALIDADE DO ESPETÁCULO"

Fernando Savater (1995, p. 109), no texto "Paradoxos éticos da saúde", ao refletir sobre os diversos modos de entender o que é essencial ao corpo, mostra as diferenças entre o ponto de vista da sociedade e o ponto de vista do indivíduo: "Para o colectivo, nascimento e morte são o mais importante. Porque assinalam o crescimento ou a baixa no grupo, mas na biografia de cada qual as coisas talvez não sejam assim".

O nascimento coloca o indivíduo no mundo, e a morte o tira dele, como num vulgar processo de causa e efeito: a causa primeira da morte, a inequívoca, é o fato de estar vivo. Assim são definidos os limites extremos do indivíduo. Mas há algo mais, há o meio, o miolo. Savater apresenta a seguinte imagem: "À empresa gestora da sala cinematográfica o que mais interessa são as entradas vendidas e o número de espectadores que vão abandonando a sessão contínua para deixar lugar a outros; mas para os próprios espectadores o que importa é a qualidade do espectáculo a que assistem". A importância da "qualidade do espetáculo a que assistem" afasta a questão da saúde da mera sobrevivência pura, da sobrevivência fisiológica. O que importa não é apenas que um indivíduo sobreviva, mas *que sua felicidade sobreviva*. A saúde é vista, assim, como sinónimo de "bem-estar", "bem-existir", "bem-ser", "*bem não morrer*".

Em vez de um popular "bem-estar", um "bem-ser". A existência é essa turbulência interminável, que vem de todos os dias anteriores e se suspende momentaneamente no presente. E essa turbulência no existir é boa: "Sou saudável". Saúde não é um *estado*, mental ou fisiológico, mas uma *existência* constante e permanente que engole todos os estados temporários. Essa concepção de saúde, diga-se, que aparece também no prefácio da conhecida obra *Tempo de despertar*, de Oliver Sacks, como um tema metafísico que é a marca de todo o livro: "A noção de que é insuficiente considerar a doença em termos puramente mecânicos ou químicos; que tem que ser considerada igualmente em termos biológicos e metafísicos, isto é, em termos de organização e projecto".

Estar doente, poderíamos dizer, não é apenas estar temporariamente doente. Aquilo a que uns chamam saúde, e poderíamos designar como uma saúde triste, saúde melancólica, poderá bem ser considerado uma doença constante, uma doença que não dói como as outras, que não tem picos de sofrimento, mas é doença porque é existência insatisfeita, existência contrariada.[4] De forma simples: ser infeliz deverá ser considerado uma forma de doença, uma doença no centro da existência individual: "Se do ponto de vista pessoal, imediato, o prazer é o sinal mais inequívoco do bom estado de ânimo e de corpo — quer dizer, de saúde —, do ponto de vista clínico, público, esse índice é enganoso e desprezável", escreve Savater (1995, p. 114). O Estado não se preocupa com o conceito de felicidade individual. Nunca haverá um questionário perguntando a cada um dos cidadãos se é feliz. Perguntará sim, eventualmente, a quantas refeições por dia o cidadão tem acesso, se tem casa própria ou não etc. A felicidade não é um assunto do Estado precisamente porque é considerada, tal como a infelicidade, um estado emocional privado, e não público. Felicidade e infelicidade estão muito fora do entendimento de saúde pública.

SAÚDE E CUIDADOS DE SI

Os índices de saúde (bem menos desenvolvidos que os índices de doença) são, ainda, reduzidos a índices de funcionamento fisiológico.[5] Não há *medidores de alegria* nem dos batimentos orgânicos da felicidade (por minuto). Esse brutal esquecimento da medicina é visto muitas vezes como conseqüência normal da evolução da racionalidade no centro da ciência médica.[6] Foucault, por exemplo, em sua monumental análise *O cuidado de si*, lembra que classicamente a medicina não visava apenas a interferir na doença, mas também na "maneira de viver" — definindo regimes e medidas, limites à existência, aos atos propriamente ditos (1994, p. 118-9)[7] —, e dentro dessa *maneira de viver* era responsável por propor uma "estrutura voluntária e racional de conduta" (p. 118). A medicina não queria apenas curar, mas racionalizar.[8]

Tudo que não pode ser medido nem comparado não é científico — no limite, não é racional. Por isso, no fundo, constroem-se instrumentos para medir apenas o que pode ser medido. No entanto, entre a invenção e o desenvolvimento de ferramentas ou técnicas e a possibilidade de medir determinados acontecimentos há uma relação estranha, na qual muitas vezes não é possível diferenciar a causa do efeito. Coloquemos a questão: não se mede a alegria porque não há instrumentos com tal delicadeza e precisão ou, como não há instrumentos, não se mede? É evidente que um discurso cético sobre a questão do peso do prazer e da felicidade na saúde poderá afirmar: *não se morre de infelicidade*. Essa afirmação, sendo verdade, não deixa de revelar a fixação de certo pensamento sobre a saúde centrado única e exclusivamente na relação com a morte.

A saúde, de um ponto de vista médico-objetivo, é entendida como uma *distância* que, no limite, pode ser traduzida em metros: *uma distância entre o corpo vivo e o corpo morto*. Saudável é aquele que, de um ponto de vista quase médico-burocrático, tem índices de funcionamento no corpo muito afastados dos índices de não-funcionamento de um cadáver. Claro que se fala aqui de uma morte natural, de uma morte, digamos assim, corporal, que faça parte da própria natureza do desenvolvimento (e da mudança) do corpo, e não seja uma morte acidental.

Da morte acidental — que não vem de dentro do organismo, mas de fora, como por meio de um acidente de aviação, de uma queda ou outra tragédia qualquer — todos nós estamos à mesma distância, isso até o menos filosófico dos médicos sabe. E é essa igual distância em relação à morte acidental que faz, e fez desde sempre (defendemos essa tese), o homem começar a se afastar do corpo, a sentir por ele certa indiferença, passando a filosofar e a pensar que a qualquer momento sua saúde, aparentemente imortal, poderá ser interrompida por um súbito cessar de funções.

SAÚDE E PRAZER

No entanto, individualmente a saúde não é apenas a distância de segurança entre a flutuação dos movimentos cardíacos no vivo e sua teimosa imobilidade no morto. Nem é apenas a distância entre a frenética turbulência de raciocínios, substâncias e líquidos do corpo vivo e a absurda, incompreensível e muda paragem de todos os pensamentos, substâncias e líquidos que ocorre no cadáver. Além dessas distâncias parciais — resumidas numa *distância fisiológica única*, sintetizada, em última análise, pela idade em que se morre —, há o modo como a existência particular goza o percorrer dessa "distância entre", desse tempo.

Savater (1995, p. 115) distingue a saúde "como prazer" (relativa ao indivíduo) da saúde como "bom funcionamento" (relativa à sociedade): a "administração pública ocupar-se-á, antes de tudo, da *duração* da vida como sendo o melhor indício de boa saúde". O indivíduo, no entanto, "preferirá a *intensidade no prazer*". Assim, do ponto de vista meramente coletivo, continua Savater, "existe a obrigação de conservar o maior tempo possível uma vida útil".[9] Dessa forma, o prazer e, de certa maneira, a felicidade individual podem tornar-se alvos de ataque do coletivo. *Ser feliz é desperdiçar*, dir-se-á. *Ser feliz é de uma inutilidade coletiva quase obscena* (sejamos provocadores). Em certos momentos-limite — guerra em nome da pátria, sacrifícios econômicos em nome do bom desenvolvimento do país —, ser feliz é quase atentar contra a honra coletiva, um insulto que só não dá prisão.

Escreve Savater, explicando o pensamento do coletivo: "O prazer desperdiça — a força vital, o tempo... — sem produzir nada em troca" (1995, p. 109). Isso, aliás, pode ser resumido nas seguintes perguntas ofensivas: "O que você fez com sua felicidade?", "O que nós ganhamos com sua felicidade?" A felicidade pode ser vista como um exemplar exercício de egoísmo, uma manifestação de incompatibilidade extrema entre interesses individuais e coletivos. Ser feliz é não dar atenção ao *ego do país*, ao ego coletivo — poderão alguns dizer. Na base disso não está realmente o ódio à felicidade do outro, mas o *ódio à improdutividade*, esta sim pecado evidente: "quando a saúde é improdutiva converte-se numa forma subtil de doença, em qualquer coisa de repugnante, excremencial", escreve Savater (1995, p. 109). "Excremento", explica ainda, "é o que está fora do seu sítio, num lugar que não lhe corresponde, onde nem rende nem se faz render, estéril, mas teimosamente presente" (1995, p. 109).

O corpo feliz, que investe as energias exclusivamente no prazer, revela-se como um negócio desastroso para o coletivo. Segundo Savater (1995, p. 116), a esse "corpo-excremento" se opõe o "corpo-máquina", "duradouro, laborioso, fiável, explorável..." E entre ambos se estabelece uma grande guerra. Em suma: seu corpo poderá ser feliz, desde que continue a funcionar. Eis o limite de tolerância do coletivo.

SAÚDE PÚBLICA E SAÚDE INDIVIDUAL

De certa maneira, defende Savater, é para corrigir um mau negócio e para impedir que eles se multipliquem que o Estado interfere protegendo a "saúde pública", termo que é claramente não real, ficcional. Não há saúde pública, não há saúde coletiva; há sim, sempre, saúde individual, saúde de um indivíduo (com determinado nome), de outro indivíduo e, ainda, de outro, de outro e de outro. Claro que a doença individual pode passar de uma pessoa para outra, mas não encontramos nunca na vida real, concreta, a chamada doença pública: vinte mil pessoas doentes com a mesma doença não são uma doença com vinte mil itens, são vinte mil doentes separados uns dos outros, porque cada um é um corpo.

Esse raciocínio, perfeitamente defensável — tal como, aliás, seu contrário —, pode terminar num pensamento de resistência às designadas medidas de saúde pública. Savater (1995, p. 116), pondo em causa essa intromissão do estado na questão individual, expressa essa resistência da seguinte maneira: "não façam nada para o meu bem sem eu o pedir antes". Ainda segundo Savater, muitas medidas — como a vacinação obrigatória, o controle sanitário de alimentos etc. — "são, sem dúvida, imprescindíveis para impedir epidemias ou evitar que o descuido doentio de alguns se converta em prejuízo doentio de terceiros". No entanto, noutros casos, "o que é imposto é uma muito determinada e discutível ideia de saúde, a que o indivíduo deve submeter-se por razões *científicas* e, ou meramente de ordem pública ou de controlo, como tantas vezes realmente acontece" (p. 117).

Dentro dessa linha, o autor ataca ainda a proibição de determinadas drogas, a qual considera um exemplo do que critica: "Do ponto de vista meramente penal, a proibição de determinadas substâncias químicas que numerosas pessoas desejam tomar é tão incompatível com uma sociedade livre e plural como a proibição de determinados filmes ou determinados livros" (Savater, 1995, p. 119). Afirmação forte, sem dúvida, e passível de ser contestada, mas sobre a qual se deve pensar. Para Savater, a função "de uma saúde realmente liberal seria zelar pela qualidade e preço dos produtos postos à venda, assim como informar lealmente sobre os possíveis danos derivados do seu abuso". Controlar o preço e informar, eis as duas funções atribuíveis ao Estado e muitas vezes esquecidas por ele, que dirige a energia para outras ações — discutíveis. Os danos provocados por determinadas substâncias, prossegue Savater, "assumidos livremente por quem os conhecesse, nunca seriam maiores que os estragos hoje causados pela adulteração dos fármacos proibidos, a delinquência gerada pelo seu tráfico e altíssimo custo etc." (1995, p. 120).

INDIVÍDUO E GOVERNO

Os pontos-chave do importante e polêmico texto de Savater são a responsabilização das decisões de indivíduos bem informados pelo Estado (Estado que não proíbe, e sim informa) e o direito à automedicação, "que deveria ser acrescentado aos restantes direitos humanos" e inclui "o livre acesso a todos os produtos químicos e a livre invenção por parte de cada um de uma saúde — quer dizer, um bom estado de ânimo e de corpo — à sua medida" (1995, p. 109).

Verifica-se que o Estado interfere mais facilmente, e com menos remorsos, na saúde de um cidadão do que em sua conta bancária. Se o Estado retirar ou depositar arbitrariamente quantias incorretas em uma conta bancária, certamente enfrentará protestos, de acordo com a situação. Porém, o Estado pode continuar a infiltrar substâncias (vacinas, por exemplo) no corpo dos cidadãos sem que ninguém se espante ou proteste. Tais ações já foram aceitas como boas, como obrigações bem-intencionadas.

No entanto, citando Thomas Szasz, Savater (1995, p. 119) defende que "não é função governamental imiscuir-se naquilo que as pessoas têm no estômago ou no sangue, do mesmo modo que não é função [do Estado] intervir contra as ideias que trazem na cabeça".

ALIMENTAÇÃO PÚBLICA

No delirante "Tratado dos excitantes modernos", incluído na obra *Patologia da vida social*, Balzac, dentro dessa linha, mas de um ponto de vista mais literário, chama a atenção para a importância da alimentação, para como esta condiciona todas as características físicas e morais de um homem. E avança: "Os povos são crianças grandes e a política deveria ser a sua mãe. A alimentação pública, tomada no seu conjunto, é uma parte imensa da política e a mais negligenciada" (*apud* Savater, 1995, p. 459).

Estamos aqui à beira da proposta do conceito de uma "alimentação pública", tal como existe o conceito de "saúde pública" e, dentro dele, um sistema de vacinação coletivo, por exemplo. A escolha do cardápio é, então, uma escolha política, uma escolha que interfere não apenas na saúde do indivíduo, mas na da cidade. Escolher entre comer carne ou peixe é uma decisão gastronômica, mas, insistimos, também política. A cidade virou as costas a um conjunto de decisões que assumiu serem individuais. Mas não poderão, afinal, ser colocadas na mesma dimensão as preocupações sanitárias e as preocupações alimentares? Em face da inexistência de uma alimentação mínima e gratuita, como perceber, por exemplo, a existência de vacinas gratuitas?

Poderás morrer por alimentação ruim ou insuficiente, mas não por causa de determinadas doenças. Em suma, a saúde pública impede que uma pessoa morra de tuberculose (existe a vacina gratuita), mas não impede que ela morra de fome.

CORPO, PROPRIEDADE E MUNDO

Mas olhemos para essa questão de outra perspectiva, tendo como ponto de partida para a reflexão as concepções de Hannah Arendt. A autora lembra "a preocupação da era moderna com a propriedade, cujos direitos foram afirmados explicitamente contra a esfera comum e contra o Estado" (2001, p. 134). A era moderna defende, segundo Arendt, "a busca desenfreada de mais propriedade, ou seja, a apropriação". O desejo de apropriação do mundo tem no corpo seus meios especializados. Referindo-se a Locke e citando-o, Arendt (2001, p. 134) escreve: "esses meios — corpo, mãos e boca — são os apropriadores naturais", pois não "pertencem em comum à humanidade, mas são dados a cada homem para seu uso privado".

Esse uso privado do corpo — "nada é mais privado que as funções corporais do processo vital, inclusive a fertilidade" (Arendt, 2001, p. 135) — é remetido a uma espécie de trabalho de acumulação que se mantém além da garantia de sobrevivência. Com esse trabalho, o indivíduo visa a apropriar-se da maior quantidade de mundo possível. As mãos apropriam-se das coisas concretas, da matéria, por meio do roubo (onde há utilização direta das habilitações manuais: segurar, puxar, pegar, agarrar) ou do negócio (quando a mão assina o contrato, simbolizando a apropriação manual de algo que não é imediatamente transportável).

A assinatura de um contrato de compra de terreno substitui, note-se, a impossível apropriação física de certo espaço de terra. O nome e sua assinatura têm, assim, um significado ativo tremendo: "Assino meu nome como comprador e, dessa maneira legal e leve, puxo um terreno para perto do meu corpo e aproprio-me dele, não com a mão que se esforça segurando um peso, mas com a mão que se compromete e jura, escrevendo seu nome verdadeiro" — mão que jura pertencer ao corpo que acorre ao nome que escreve no papel. Mão, corpo e nome, eis as três entidades envolvidas nas sucessivas apropriações legais.

CORPO COMO BEM ÚLTIMO

Há, de fato, uma fenda, um espaço que separa o privado do público. Se para alguns bens ou objetos a separação não é clara, para outros ela é bem evidente. Explica Arendt (2001, p. 136): "Não deixa de ser verdadeiro que a melhor garantia da privacidade dos bens de uma pessoa — isto é, a sua completa independência em relação ao 'comum' — é a transformação da propriedade em apropriação, ou uma interpretação da 'separação do comum' que veja a apropriação como resultado ou 'produto' da atividade do corpo". Tornar privado é afastar do comum, da comunidade, da *mão coletiva* que, embora invisível, é determinante nas relações do indivíduo com o mundo. Trata-se, quase sempre, de perceber o tamanho dessa mão coletiva. Assim, continua Arendt, "o corpo passa realmente a ser a quinta-essência de toda a propriedade uma vez que é o único bem que o indivíduo jamais poderia compartilhar com outro, mesmo que desejasse fazê-lo".

O corpo, o próprio corpo, é algo que o outro não pode acumular nem designar como seu. Apesar do romantismo que coloca a fusão de dois corpos como uma operação química vulgar resultante das paixões, "nada há de menos comum e menos comunicável — e, portanto, mais fortemente protegido contra a visibilidade e a audibilidade da esfera pública — que o que se passa dentro do nosso corpo, os seus prazeres e dores, o seu labor e consumo" (Arendt, 2001, p. 136-7). O corpo é o expoente máximo da idéia do privado, da idéia de que algo está no mundo para uma pessoa, e só uma, ser sua dona.

PROPRIEDADE DOS PRAZERES E DAS DORES

A propriedade privada dos prazeres e das dores é a marca mais imperturbável do ser vivo. No fundo, balançamos permanentemente entre as duas perguntas, colocadas pelo escritor argentino Roberto Arlt: "Que fiz eu pela felicidade deste meu corpo infeliz?" (2003, p. 103), "O que será preciso fazer para não sofrer?" (p. 215).

No entanto, afirma Arendt (2001, p. 137), "nada expele o indivíduo mais radicalmente para fora do mundo que a concentração exclusiva na vida corporal, concentração esta imposta ao homem na escravidão ou na condição extrema de dor insuportável".[10] A dor, assim, é o que mais nos empurra para fora do mundo e para dentro do corpo. Essa associação entre escravidão e dor intensa não deixa de merecer reflexão: o escravo coloca todo o seu corpo a serviço do exterior, enquanto a "dor insuportável" coloca todo o corpo (todas as suas partes) ao seu serviço — nesse caso, serviço significa "atenção" ou mesmo "subserviência", pois uma dor forte faz que todo o corpo se volte para ela, numa subserviência física que anula toda e qualquer vontade.

A experiência "natural", escreve Arendt (2001, p. 137), "em que se baseia a independência em relação ao mundo é, para estóicos e epicuristas, não o labor nem a escravidão, mas a dor".

Essa é a experiência radical (de raiz) que exibe a separação do homem do resto do mundo. Blanchot (1984, p. 49) sintetiza numa questão simples um dos problemas-base: "Será que sofrer é, afinal, pensar?" O autor coloca o pensamento e a dor como os dois elementos distintivos de um homem: o "penso, logo existo" cartesiano terá de ser acompanhado de um "sofro, logo existo". A dor prova a existência, prova que minha existência não é a sua, é outra, porque minha dor não dói em você.[II] Esse autoconhecimento pode ser o ponto inicial: começo a me conhecer porque tive dores, isto é, vi-me obrigado a olhar para mim, desviar os olhos do mundo e centrá-los em mim. Nietzsche (1991, p. 143) é um defensor excessivo dessa linha; numa carta ao barão de Gersdorff, fala de um discípulo "muito apto e precocemente maduro" precisamente "porque começou cedo a sofrer". Llansol (2000, p. 181) tem, a esse propósito, uma expressão fulminante: "grito autobiográfico". Poderemos acrescentar: toda dor é autobiográfica, toda dor, no limite, é não a biografia, o relato da história de um corpo, mas o próprio corpo, o próprio contador da história. A dor é quem conta a história do corpo.

Assim, lembra Arendt (2001, p. 137), "a felicidade alcançada no isolamento do mundo e usufruída dentro das fronteiras da existência privada do indivíduo jamais pode ser outra coisa senão a famosa 'ausência de dor'". Abolida a escravidão, a subserviência infeliz de um corpo em relação a outro, a felicidade residiria por completo, seguindo a linha dos estóicos e dos epicuristas, na ausência de dor; e escravo seria aquele que não consegue se afastar nem se libertar de determinada dor física. De acordo com Marco Aurélio (1978, p. 49): "Mesmo se o seu mais próximo vizinho, o corpo, fosse cortado em bocados, invadido pelo pus ou a gangrena, que, apesar de tudo, a parte que opina acerca dos acontecimentos permaneça tranquila". Sábio é aquele que, até "quando o seu mais próximo vizinho", o próprio corpo, está em ruínas, fala e raciocina como um imperador.[12]

DOR, DOENÇA E CIDADE

Poderemos, neste ponto, encarar a dor ou a doença como uma *limitação política da liberdade corporal*. Política porque o corpo é tanto menos influente na cidade quanto mais determinada dor ou doença o impede de sair, falando e atuando livremente; a doença impede a liberdade individual pois faz do corpo um escravo que se vira para dentro, *um escravo que obedece para dentro*. Seguindo esse raciocínio, só serão politicamente livres os homens saudáveis ou cuja doença e dor física permaneçam em níveis muito baixos e controlados. A intensidade da intervenção individual numa cidade diminui com a dor e a doença: "Se você ainda não se libertou de uma parte do seu corpo, como quer exibir sua liberdade publicamente?"

Uma *polis* saudável será, assim, uma *polis* de corpos saudáveis. A perda de liberdade nas palavras e nos atos do homem não saudável residirá, então, simplesmente nisto: ele está escravo do desejo de que sua dor e sua doença acabem. Qualquer opinião ou tomada de posição terá sempre como pano de fundo esse desejo individual que suplanta largamente qualquer desejo de bem-estar coletivo. É mais urgente para o corpo doente a defesa de sua cura — essa vontade incalculável de alcançar o prazer máximo que é a ausência de dor após um prolongado período de dor intensa — do que qualquer lei que melhore a vida da cidade. "Você tem tantas dores que não pode ser livre":

eis algo que se pode dizer, e eis como a condição de saúde individual interfere no conceito público de participação.[13] Os cuidados de saúde pública são também, parece-me, cuidados de *política pública*, são sistemas que defendem simultaneamente organismos corporais privados, bem-estar público e liberdade pública de discussão. *Não discuto contigo enquanto tiveres dores, pois não estaria a discutir com um homem livre.*

Vemos então como a mais privada das propriedades — a dor de um corpo — interfere na mais pública das decisões.

DOR, PRAZER, MUNDO

O hedonismo, escreve Arendt (2001, p. 137), "doutrina que afirma que somente as sensações corpóreas são reais, é apenas a forma mais radical de um modo de vida apolítico e totalmente privado", a concretização da sentença de Epicuro: "Vive à parte e não te envolvas nos negócios do mundo". No fundo, esse incitamento leva o homem a envolver-se exclusivamente nos negócios da mais pura individualidade (nos grandes negócios do corpo próprio), a saber: o prazer e a dor.

A ausência de dor, para essa autora, "é apenas a condição física necessária para que o indivíduo sinta o mundo; somente quando o corpo não está irritado, e devido à irritação virado para dentro de si mesmo, podem os sentidos do corpo funcionar normalmente e receber o que lhes é oferecido" (2001, p. 137). O mundo é algo que existe na ausência de perturbações no corpo individual: *o mundo só está presente se o corpo estiver ausente*, eis uma fórmula (corpo ausente tanto no sentido negativo, a dor, como no sentido positivo, o prazer; no prazer forte, o mundo também desaparece).

Arendt especifica ainda: "A ausência de dor geralmente só é 'sentida' no breve intervalo entre a dor e a não-dor". Tal observação é fundamental, pois esclarece que uma vida absolutamente saudável, isenta de dor, nunca poderá sentir a libertação da dor. Isso, em vez de ser considerado um bem para uma vida, poderá ser considerado um mal, uma falta; como se pudéssemos dizer de uma biografia: ele teve muita coisa, teve quase tudo, nunca teve uma dor, foi feliz, mas faltou-lhe a sensação de libertação de uma dor. Sem esta a vida não está completa. Como lembra Arendt (2001, p. 137): "a sensação que corresponde ao conceito de felicidade do sensualista é a libertação da dor, e não a sua ausência".[14]

A intensidade do prazer sentida no momento em que o corpo se liberta da dor só pode ser igualada pela "sensação da própria dor". O corpo do homem e a sua existência estão, assim, ao redor do centro que tudo define: a dor ou a sua ausência. Eis, pois, que a dor corporal se coloca como centro do indivíduo e da sua liberdade e conseqüentemente como centro da *polis*, centro da liberdade política. Não é possível a existência de democracia, de espaço público onde cada um possa exercer a sua liberdade na palavra e na ação, ante certa intensidade de dor individual. A democracia, a liberdade individual, surge assim, em primeiro lugar, com a libertação de certos níveis de dor. A falta de liberdade política pode, assim, ser entendida como tendo uma causa diferente da que normalmente lhe é apontada: demasiados homens virados para dentro, escravos de certa dor ou certa doença; quantidades excessivas de dor individual. Eis outra forma de ditadura política.

A saúde política de uma cidade — aquilo a que podemos chamar direitos dos seus habitantes — depende, pois, do somatório da saúde orgânica dos seus cidadãos.

NOTAS

1. Saúde e doença colocam em causa questões como a do sentido da existência, tal como escreve Jünger (1995, p. 71): "Já vimos gente a quem os médicos abanaram a cabeça recobrar a saúde, mas nunca alguém que tivesse renunciado a si próprio".
2. Escreve Jünger (1991, p. 145) que a "abundância de sintomas nos separa dos doentes como uma floresta inexpugnável: sabemos muito pouco da saúde e demais das doenças".

3. No que é talvez o maior tratado intelectual sobre a saúde e a doença – o romance *A montanha mágica*, de Thomas Mann –, um médico, a certa altura, ao ouvir do protagonista Hans Castorp a frase "Eu estou de perfeita saúde", dá-lhe os parabéns e diz que então ele é um fenômeno "digno de ser estudado, pois eu, pelo menos", diz o médico, "nunca encontrei ninguém de perfeita saúde" (s.d., p. 21).
4. Francis Bacon é lapidar sobre o que deve ser feito em cada uma dessas situações: "Quando estiverdes doentes, preocupai-vos principalmente com a saúde; quando estiverdes saudáveis preocupai-vos com a acção" (1992, p. 124).
5. E quando isso é extremado, podem ser ridicularizados e sua eficácia de funcionamento pode ser posta em causa, como faz Burroughs (s.d., p. 145), obscena e provocatoriamente: "O corpo humano é escandalosamente ineficiente. Em lugar de uma boca, e de um ânus [...] por que não termos um buraco destinado às funções de comer e eliminar? Poderíamos selar o nariz e a boca, encher o estômago, fazer um buraco para o ar entrar directamente nos pulmões, o que deveria ter acontecido desde o primeiro momento..."
6. A relação da racionalidade e da doença é importante e ambígua. Em *A montanha mágica*, de Thomas Mann, há uma personagem descrita como estúpida (pouco inteligente) e doente, o que causa grande estranheza: "Quando estas duas coisas estão reunidas, é o que há de mais confrangedor neste mundo. Não se sabe que atitude tomar, porque, a um doente, deseja-se testemunhar respeito e deferência", algo que não se testemunha normalmente a "uma pessoa estúpida e ordinária" (s.d., p. 103).
7. Esses regimes e essas medidas eram não apenas referentes à ordem corporal, como escreve e desenvolve Foucault, mas também à "ordem moral". Os regimes médicos definiam medidas e pesos morais.
8. Racionalidade que pode ser contestada. Karl Jaspers (1998, p. 10), por exemplo, chama a atenção para o fato de o homem "como doente" não ser assim "tão frequentemente racional, mas irracional e anti-racional"; por isso mesmo, escreve Jaspers, há por vezes "que inverter a relação médica ideal". O autor dá um exemplo que pode chocar: põe em causa o direito à verdade por parte do doente: só o doente que for "capaz de suportar a verdade e de com ela racionalmente lidar" tem direito a ela. Jünger (1991, p. 153), por seu turno, chama a atenção para o fato de que, na maioria das vezes, "são coisas bastante diferentes que inquietam o médico e o doente". O médico, se quer "merecer" esse nome, deve em primeiro lugar "iluminar" o paciente: "a primeira virtude curativa", portanto, "deve encontrar-se oculta na voz"; a medicina não é uma "ciência mecânica", mas uma ciência que ilumina (p. 148).

9. No entanto, como critica Cícero (1998, p. 13), todos buscam alcançar a velhice, portanto buscam resistir o maior tempo possível, "mas depois quando a alcançam deploram-na", o que o autor considera um triste final.

10. Em outra obra, Arendt reflete sobre a alegria e o sofrimento: "O factor decisivo é que o prazer e a dor, como tudo quanto é instintivo, tendem para o mutismo, e conquanto possam perfeitamente produzir sons, não produzem fala e muito menos diálogo" (1991, p. 26-7). Essa mudez está virada essencialmente para fora, para o que rodeia o corpo, pois este não está propriamente mudo: fala para dentro.

11. Há aqui uma separação entre dor e doença. Como se afirma logo na introdução da extensa obra *O desafio da dor* (Wall e Melzack, 1982, p. 9), até a metade do século XX a dor era considerada, acima de tudo, "um sintoma de doença ou lesão". Tal visão foi ultrapassada e a dor é vista, agora, muitas vezes como separada da doença que lhe deu origem: "a dor crónica e grave é um problema em si"; a dor — separada da doença — é hoje um dos grandes temas da ciência e da medicina.

12. O humor de Ramón Gómez de La Serna (1998, p. 188) é bem oportuno: "Quantas e quantas dores! O meu único desejo seria tornar-me como o escravo Epicteto, o qual, enquanto o dono lhe torcia a perna com um aparelho de tortura, avisava, a sorrir: 'Vais partir-ma'; e quando o dono lha partiu, acrescentou com estoicismo: 'Eu não dizia?'" Serna fala também dos consultórios dos dentistas: "Nunca vi nenhum sítio onde as pessoas olhem menos umas para as outras. Todas têm o olhar virado para cima, para o céu. Ninguém quer reconhecer ninguém". É preciso ir a esses consultórios "com mais seriedade", escreve. Os dentistas, acrescenta Serna, "às vezes arrancam o dente da própria vida, aquele que serve de tampa à existência".

13. A partir de Platão, a saúde pode ser vista, como aponta Bruno Snell (1992, p. 220-1), como uma felicidade constante: "uma felicidade talvez mais modesta, mas, por ser a que garante a máxima duração da vida, é a mais importante". Alguns pitagóricos chamavam a saúde de "isonomia", ou seja: "igualdade democrática das forças, do húmido, do seco, do frio e do calor" etc. A doença, por oposição, surgiria devido à "monarquia" de uma dessas forças.

14. Em outra nota de *A condição humana* (p. 137), Arendt escreve: "Acredito que certos tipos benignos e bastante freqüentes de apego a drogas, geralmente atribuídos a propriedades formadoras de hábito destas últimas, talvez se devam ao desejo de repetir o prazer experimentado com o alívio da dor, acompanhado de intenso sentimento de euforia". E prossegue: "Platão já se opunha àqueles que, "ao deixarem de sentir dor, acreditam firmemente ter atingido a meta do... prazer" (*A república*),

mas admite que esses "prazeres ilegítimos" que se seguem à dor ou à privação são mais intensos que os prazeres puros, como o cheirar um aroma delicado ou contemplar figuras geométricas. É curioso que a confusão nesta questão tenha sido introduzida pelos hedonistas, que não queriam admitir que o prazer da cessação da dor é mais intenso que o "prazer puro" para não falar da ausência de dor. Assim é que Cícero acusava Epicuro de ter confundido a mera ausência de dor com o prazer da libertação da dor [...]. E Lucrécio exclamava: "Pois não vedes que a natureza clama por duas coisas apenas, um corpo livre de dor e uma mente livre de preocupações...?"

REFERÊNCIAS BIBLIOGRÁFICAS

ARENDT, H. *A condição humana*. Lisboa: Relógio d'Água, 2001.
_____. *Homens em tempos sombrios*. Lisboa: Relógio d'Água, 1991.
ARLT, R. *Os sete loucos*. Lisboa: Cavalo de Ferro: 2003.
AURÉLIO, M. *Pensamentos para mim próprio*. Lisboa: Estampa, 1978.
BACON, Francisco. *Ensaios*. Lisboa: Guimarães editores, 1992.
BLANCHOT, M. *O livro por vir*. Lisboa: Relógio d'Água, 1984.
BURROUGHS, W. S. *Alucinações de um drogado*. Lisboa: Livros do Brasil, s.d.
_____. *O fantasma de uma oportunidade* Lisboa: Relógio d'Água, 1997.
CÍCERO. *Da velhice*. Lisboa: Cotovia, 1998.
FOUCAULT, M. *O cuidado de si – História da sexualidade 3*. Lisboa: Relógio d'Água, 1994.
GADAMER, H.-G. *O mistério da saúde*. Lisboa: Edições 70, 2002.
HANNAH, A. *Homens em tempos sombrios*. Lisboa: Relógio d'Água, 1991.
JASPERS, K. *O médico na era da técnica*. Lisboa: Edições 70, 1998.
JÜNGER, E. *O coração aventuroso*. Lisboa: Cotovia, 1991.
_____. *O passo na floresta*. Lisboa: Cotovia, 1995.
LLANSOL, M. G. *Onde vais drama-poesia?* Lisboa: Relógio d'Água, 2000.
MANN, T. *A montanha mágica*. Lisboa: Livros do Brasil, s.d.
NIETZSCHE. *Despojos de uma tragédia*. Lisboa: Relógio d'Água, 1991.
SACKS, O. *Tempo de despertar*. São Paulo: Companhia das Letras, 1997.
SAVATER, F. *O conteúdo da felicidade*. Lisboa: Relógio d'Água, 1995.
SERNA, R. G. de La *O médico inverossímil*. Lisboa: Antígona, 1998.
SNELL, B. *A descoberta do espírito*. Lisboa: Edições 70, 1992.
WALL, P.; MELZACK, R. *O desafio da dor*. Lisboa: Fundação Calouste Gulbenkian, 1982.

5 CORPO E IMAGEM: COMUNICAÇÃO, AMBIENTES, VÍNCULOS

Norval Baitello Junior

Harry Pross[1] anunciou no final da década de 1960 o que viria a se tornar uma reviravolta silenciosa mas decisiva: a inclusão do corpo e de seus meios nos estudos de comunicação. Os pressupostos e as conseqüências da frase que então proferiu, "Toda comunicação começa no corpo e nele termina", são inúmeros e ricamente complexos. Passo a esboçar alguns desenvolvimentos, tomando a frase como um pressuposto a ser investigado. O próprio autor, ocupado nas décadas seguintes com as dimensões políticas da comunicação e seus macrodesdobramentos sociais, não retorna exaustivamente ao tema do corpo como início e fim dos processos comunicativos. Mas suas considerações, contidas no livro *Medienforschung* [*Investigação dos media*], de 1972, são suficientemente concretas e reais para ser refutadas. Afirma o autor que é o corpo que detém os primordiais meios de comunicação, os meios primários, que lhe possibilitam alimentar elos com os outros. Entre os meios primários de comunicação, Pross enumera os sons, inarticulados e articulados (entre estes, a voz), os gestos, os odores, as fisionomias, as posturas, os movimentos.

As mensagens dos meios primários podem ser de diversos tipos: desde estalar os dedos até levantar os ombros, de mover os ângulos da boca até franzir a testa, de arquear as sobrancelhas até menear a cabeça. Há diferentes modos de andar e infinitas maneiras de sentar. As formas de olhar e as formas de deixar de olhar. Os gestos de aproximação e os de afastamento. Da palavra falada à palavra calada. Do hálito de um sussurrar apaixonado aos odores corporais das jornadas de fadiga e labuta. Do riso ao choro. A linguagem dos dedos. As passeatas e os protestos (nos quais o número de corpos é que conta). O cerimonial, os rituais.

São, em sua combinatória, infinitas as possibilidades comunicativas dos meios primários que emanam do corpo. Assim, deduz-se que a construção de um dicionário dos gestos é tarefa impossível: além de as variações minimalistas poderem alterar o significado-base, sua inserção cultural e social situará possibilidades significativas em bases distintas, quando não opostas. Além disso, o isolamento de um único gesto, separando-o dos movimentos e gestos paralelos que o acompanham, muitas vezes formando conjuntos ambivalentes, não apenas empobrecerá sua capacidade expressiva como poderá mesmo falsear sua leitura e interpretação. Desse modo, todos os outros meios de comunicação estão com as raízes finamente entrelaçadas no subsolo da materialidade corporal. Desse subterrâneo, emana toda a seiva da comunicação que possibilita a sociabilidade humana. É aí que nasce toda a necessidade e a predisposição que temos para criar elos e relações com outros seres humanos desde que nascemos. Não seria errado, portanto, enxergar na base de todos os recursos desenvolvidos pelo homem para ampliar seu raio de alcance comunicativo a presença de sua materialidade corpórea. Para começarmos com a escrita: seja ela alfabética, silábica ou ideogramática, seus grafemas serão sempre registros de um gesto do corpo que produz um som ou conjunto de sons que se inscrevem ou desenham sobre suportes fixos. Se pensarmos nos meios imagéticos visuais ou sonoros (fotografia, cinema, rádio, televisão), todos eles se ancoram na utilização da corporeidade como base e matéria-prima, além de ser operados duplamente, em sua emissão e em sua recepção, por seres humanos em sua viva e pulsante corporeidade.

Partindo de Pross e levando adiante suas proposições iniciais, deduzem-se da inclusão do corpo nas categorias fundantes do processo comunicativo alguns interessantes princípios que vamos formular no desenvolvimento deste capítulo.

A QUESTÃO DA HIPNOGENIA

O primeiro princípio é a concepção de hipnogenia (Elisabeth von Samsonow) como componente indispensável dos sujeitos e objetos da comunicação — crença que passa a ser questionada. Tomava-se por aceita e tranqüila a concepção de que os veículos comunicativos, os chamados "meios" ("media" ou, ainda, "mídia"), tendem a substituir (ou ao menos ocultar) seus produtores, conduzindo o telespectador à ilusão de que são autônomos e imperativos (por seu lastro material ou por sua autoridade baseada na presença contínua de seus sinais). Seria como se não houvesse ninguém, ou quase ninguém, por trás de um jornal, de uma transmissão de rádio ou de televisão, a não ser o próprio jornal, a emissora de rádio ou de TV.

A hipnogenia transfere ao meio toda a responsabilidade, mas também toda a capacidade de decisão, deixando seus agentes no espaço-tempo de uma quase-hipnose, abrindo mão de sua intencionalidade, de sua história e de seus sonhos, de sua vontade, de sua autodeterminação. Seria, para lançarmos mão de uma analogia, como uma aceitação dos preceitos chamados liberais, que atribuem a instâncias sociais complexas criadas pelos indivíduos a autonomia de legislar sobre estes e determinar seu destino autonomamente. Um exemplo análogo muito atual é a crença cega em instâncias como "mercado", "auto-regulação", "livre comércio", "livre competição", entre muitas outras que oferecem a ilusão de que a economia (de uma região, de uma nação, de um planeta) é uma entidade soberana que determina nosso destino.

Na comunicação, então, seriam os "media" os instrumentos auto-reguladores do teor informacional, de seu valor, sua ética, sua modulação, sua necessidade e sua oportunidade. Tal pressuposto de uma autonomia ou independência absoluta dos "media", explícita ou implicitamente, conduz a uma prática de auto-referência, a certa endogamia nos processos de julgamento de pertinência dos valores e teores a serem veiculados. Em contrapartida, localizando no corpo o momento germinal da comunicação, evita-se totemizar os meios, a mídia, e afasta-se a crença na autonomia desta, bem como em sua onipotente decisão. Expande-se a percepção do fato social e inclui-se uma instância complexa, dotada de imperativos próprios, de densidade histórica e cultural. Com isso, não se pode simplesmente transformar ou enxergar o participante de um processo de comunicação como um "sujeito hipnógeno", despido de capacidade de autodeterminação. Ele será transformado em tal figura infantilizada e de reduzido grau de vigília e prontidão quando renunciar — por vontade própria ou dos insistentes aparelhos sociais e culturais — ao seu próprio corpo ou tiver uma relação pouco vital com ele. Tal situação ocorre contemporaneamente com freqüência indesejável graças ao arsenal propagandístico e mediático desmedido e à geração artificial de demandas para um consumo crescente que faça frente ao crescimento exponencial da produção.

Por força de um estreitamento do uso dos sentidos (e da sensorialidade), ou seja, do próprio corpo em suas múltiplas potencialidades, criam-se "funcionários" (no sentido da expressão criada por Vilém Flusser) de um aparelho social onipotente, incapazes de existência plena e previamente projetados para suas funções. Para a realização de tal projeto, é necessário o planejamento de um corpo-função restrito, uma miniaturização forçada do amplo espectro de sociabilidades a que o corpo nos habilita. Veremos mais abaixo por que meios se pratica esse estreitamento dos sentidos, já diagnosticado pelo sociólogo do corpo Dietmar Kamper, que propunha como única saída a prática de um "pensar corporal".

AMBIÊNCIA

A segunda implicação: ao se dizer "corpo", faz-se uma escolha por um ente anterior e talvez ainda mais complexo do que "mente", "razão", "sujeito", "vontade" ou "homem", pois todos estes se ancoram e desabrocham no corpo. Trata-se, portanto, de um enfoque germinal e radical, infinitamente mais rico do que os reducionistas conceitos de "emissor" ou "receptor". Um corpo não se reduz a um único vetor ou a uma única direção de vinculação, tampouco se reduz à unidimensionalidade de processos lineares ou lógico-formais, muito menos à pura mediação. Não é, dessa maneira, mero "meio de comunicação ou mídia". Muito antes, ele é um catalisador de ambientes, e talvez seja sempre o catalisador inicial de um ambiente comunicacional. Podemos nomear essa implicação de "princípio da ambiência". Sua simples presença gera a disposição de interação, desencadeia processos de vinculação com o meio, com os outros seres do entorno e com seus iguais.

A presença do corpo conduz à recordação da necessidade primordial de vinculação, lembra-nos de que somos seres de incompletudes, dependentes — desde o nascimento — de outros seres para sobreviver. Assim, somos predispostos a favorecer ambientes nos quais se realizam os vínculos que nos possibilitam sobreviver apesar de nossas muitas carências e fragilidades. Somos vocacionados para a interação com outros que preencham nossas faltas e necessidades, porque somos corpo, com limites e alcances espaciais claros, com uma duração apenas presumível, mas indubitavelmente finita.

Se somos corpo, somos finitude. E porque somos finitude desejamos o infinito, a permanência. É isso que buscamos no outro, nos outros corpos, a união de durações finitas que construam histórias infinitas, que nos projetem para além de nossos limites e fronteiras. Comunicar-se é criar ambientes de vínculos. Nos ambientes de vínculos já não somos indivíduos, somos um nó apoiado por outros nós e entrecruzamentos, em uma operação denominada "nodação" (Eickhoff). Construir um ambiente e situar-se nele reduz a fragilidade do estar só. E, para os entrelaçamentos, somente corpos podem ser pontos de germinação dos ambientes. Corpos narrativizam tais entrelaçamentos que geram ambientes, e os ambientes são os pressupostos para a continuidade, para a sustentabilidade, para a sobrevida do corpo nos outros corpos e nos corpos-outros, na materialidade dos meios que facilitam a nodação entre os corpos.

VÍNCULOS

Aí temos a passagem para uma terceira implicação, que seria um deslocamento do foco da comunicação: não mais se pode compreendê-la como simples conexão ou troca de informações, mas necessariamente é preciso ver nela uma atividade vinculadora entre duas instâncias vivas. Não será, portanto, a entidade quantificável chamada "informação" o parâmetro para considerar as metas de um processo de comunicação. Muito antes e mais abrangentemente, todo processo de comunicação pretende estabelecer e manter vínculos. E porque os vínculos procedem de atmosferas afetivas, quer dizer, procedem de espaços da falta (ou espaços negativos), eles geram densidades afetivas oriundas dos espaços de carência ou saciedade, dos espaços de negação ou de negação da negatividade.

Como toda saciedade (conforme Wyss) preserva a memória da falta e evoca o temor de sua recidiva futura, os vínculos visam também a manter-se sustentáveis. Corpos não transmitem *bits* e *bites*, não dosam "informações" de maneira digital nem enviam "informações" de modo analógico. Corpos mostram-se, apresentam-se, de maneira complexa, múltipla e, além disso, freqüentemente enigmática (cada corpo traz em si segredos que despertam a atração de outros corpos). Por meio de seus enigmas é que capturam a atenção de outros corpos. Corpos não emitem sinais unidirecionais, mas geram atmosferas saturadas de possibilidades de sinais que se transmutam em vínculos e elos quando auscultados por outros corpos. Os corpos são exímios geradores de vínculos quando auscultam e deixam-se auscultar por outros, porque só eles preenchem os espaços de falta de outros corpos.

Não é a informação, em seu sentido funcional, o elemento constitutivo de um processo de comunicação. É o vínculo, com sua complexidade, sua amplitude de potencialidades. Se a informação busca a certeza como parâmetro, o vínculo aposta na probabilidade. Assim, a comunicação que brota dos corpos nunca será determinística, pois outros corpos estarão sempre entremeados em uma ambiência gerada por corpos com histórias e sonhos, faltas e oferecimentos distintos. É impossível determinar de antemão quais dos apelos de um corpo a outro se transformarão em vínculos. E por isso um corpo sempre lança muitos e distintos apelos. Seu atendimento estará apenas garantido por meio da diversidade e da insistência.

Vínculos se constituem em formas que se diferenciam e se complexificam cumulativamente ao longo da vida de um corpo, na ontogênese: desde o aconchegante vínculo maternal, ao qual se soma o vínculo filial, e ambos se abrem ao sistema fraternal, que se amadurece com a constituição do vínculo paternal e com o desenvolvimento dos vínculos sexuais. Na filogênese, os vínculos se constituem em diálogo estreito com as condições ambientais e as disponibilidades sensoriais, transformando-se em formas distintas de sociabilidade. Como são vivos, pois emanam de corpos vivos, os vínculos carecem de alimentação constante, necessitam estar ativos, requerem cuidados, atenção e amor. Como emanações do corpo, requerem tudo aquilo que o corpo requer em sua condição de finitude e em seu projeto de infinitude. E oferecem também tudo aquilo que o corpo oferece dentro desse mesmo projeto: ativação, cuidado, atenção e amor. Podemos dizer que o alimento dos vínculos pode ser genericamente denominado "afeto", mas poeticamente deve ser chamado de "amor" (até mesmo os biólogos lançam mão do rico conceito de amor para explicar como operam os vínculos). Graças à reconsideração e à nova inserção da corporeidade como ponto de partida e de chegada de toda comunicação, podemos dizer que a matéria-prima dos processos comunicacionais não é a informação, mas sim o amor.

PROJETIVIDADE

Uma quarta implicação considera que não é um canal, ou uma via, ou um fluxo a melhor forma de retratar um processo comunicativo, já que este parte de um corpo. Muito mais adequado seria sua consideração, como já vimos, como um "ambiente", ou uma atmosfera gerada por todas as partes que a integram, suas materialidades e imaterialidades, seus percursos e suas histórias, seus sonhos, suas ambições e aspirações, suas perspectivas pregressas e "progressas", suas projeções para a frente e para trás, ambas entrelaçadas e inseparáveis, as naturezas retrospectiva e prospectiva mescladas uma à outra, como se o tempo se tivesse tornado duplo, inverso e reversível. A essa implicação podemos atribuir o nome de "princípio da projetividade". Sim, porque um corpo é o registro das histórias de si mesmo e de todos os outros corpos, oferecendo a um ambiente comunicacional a profundidade e a densidade das camadas mais profundas do seu tempo e dos outros tempos. E, sim, porque um corpo também é o registro dos sonhos, desejos e anseios que delineiam a perspectiva e a projeção futura de si mesmo e de todos os outros corpos.

Projetividade é o lastro de história e o potencial de anseios que todo corpo carrega em seu âmago. Quando vivo, pulsa e vibra no encontro desses dois vetores, gerando atrativos e recebendo atrações em diferentes graus de profundidade e em variados direcionamentos temporais. Um corpo sempre conta histórias e projeta sonhos. Mais que isso, ele se constrói nas histórias e nos sonhos.

O FUNDAMENTO DA SOCIABILIDADE

A afirmação de que "toda comunicação começa no corpo e nele termina", ainda que dita de maneira direta e simples, abre tanto novos horizontes quanto velhas camadas arqueológicas esquecidas (melhor dito, recalcadas ou oprimidas). Ela recoloca em questão a importância dessa instância geradora de toda sociabilidade, reposicionando o foco da comunicação em seu verdadeiro momento germinal. É importante reforçar, por outro lado, que não se reduz aqui o corpo a um meio de comunicação ou mídia, mas, ao contrário, amplia-se o conceito de processo de mediação ao incorporar os fatores "vida", "ambiência", "vínculo", "amor", "historicidade e cultura". O corpo contém e manifesta possibilidades comunicativas, mas não se resume à função de mediador ou de "mídia", a não ser em circunstâncias históricas muito específicas em que se plasmam determinadas patologias culturais como aquelas que transformam corpos em imagem de corpos, ocultando ou eliminando sua materialidade complexa, aquelas que lhes amputam a projetividade, destruindo-lhes ou a memória histórica ou o direito aos sonhos, ou ainda aquelas que funcionalizam os corpos, transformando-os em meios ou ferramentas, em máquinas ou matéria-prima. Veremos em seguida algumas das patologias trazidas pelos processos civilizatórios ao longo da história do homem, mas sobretudo advindas com os mais recentes desenvolvimentos da civilização que aceleram os ritmos da vida social.

O corpo que se transforma em imagem e a imagem devoradora de corpos

Desde as transformações advindas com a reprodutibilidade técnica, as imagens visuais vêm se impondo como o principal modo de dizer mensagens. Não mais as palavras (que são diferentes de língua para língua e ainda envolvem um processo de alfabetização), mas os ícones passaram a ocupar os espaços públicos quando é preciso nomear coisas simples como "Não fume", "Siga à esquerda", "Silêncio, hospital". Por sua imediata força de apelo, por sua simplicidade instantânea, eles nos capturam o olhar num primeiro golpe. Por meio do olhar, capturam-nos o presente e nele nos roubam a presença. O gesto de devorar, tal qual nos apresenta a imagem do Saturno de Goya descrita por Földényi, não se constitui num gesto de comunhão e incorporação do outro, como na antropofagia ritual, mas de aniquilamento por uma goela insaciável e insanamente monstruosa. A devoração promovida pelas imagens passa pelo estágio da transformação do corpo em imagem, retirando dele as dimensões de profundidade e volume, retirando sua densidade para, em seguida, destruir sua existência autônoma.

Há aí uma operação complexa que denominei "iconofagia", na qual se processam as duas devorações heterodoxas: "corpos que se alimentam de imagens" e "imagens que se alimentam de corpos". Tais devorações ocorrem em inúmeras situações e com freqüência cada vez mais assustadora, com a escalada exponencial da hegemonia do sentido da visão em detrimento dos outros sentidos que operam a comunicação de proximidade. Tocar, saborear e cheirar são sentidos banidos da comunicação. Em seu lugar, apenas o olhar como o sentido de alerta por excelência e da comunicação a distância. Para a captura do sentido do olhar, imagens em profusão cada vez maior são geradas e lançadas. Ora, imagens — por serem o paradoxo da presença de uma ausência e serem veiculadas pelo sentido de alerta — podem evocar tanto o medo que imobiliza quanto o medo que inquieta (Kamper, 1995; Mongardini, 2004).

Sua natureza paradoxal recorda a morte, e não é em vão que seu correspondente latino *imago* significava "retrato de pessoa morta", assim como o grego *eidolon*. Diante do teor crescentemente fóbico da civilização da visualidade e da visibilidade, restava uma única saída: a sedação. Esta se processou pela junção de dois fatores: o primeiro foi a reprodução ainda mais exaustiva de imagens que passaram a povoar todos os espaços (e não mais apenas os templos religiosos e os museus), de maneira que se tornassem onipresentes e sedativas. E o segundo foi a sedação por meio do assentar e do sentar (Eickhoff). Sentado nosso corpo, tornamo-nos presas mais fáceis à tentação do mundo das imagens. Tornamo-nos uma civilização sentada. Seria o corpo sentado o prenúncio de um pensamento sentado em vez de um pensamento em movimento?

As amputações de projetividade: a perda do direito aos sonhos e à memória

Entre as violências perpetradas pela civilização, essa se apresenta como uma das mais graves. Pode-se simplificá-la como uma sonegação do direito de sonhar, de crer (até mesmo de ter fé), de ambicionar uma vida própria, diferenciada dos padrões previstos e programados pelas estratégias da civilização centrada no escoamento da produção serial de mercadorias. Há, porém, aspectos ainda mais complexos, pois a projetividade não apenas implica o futuro, mas também envolve as memórias e a história, caminhos percorridos e vivências registradas. É possível amputar as memórias projetando sobre elas estereótipos que somente oferecem acesso aos registros selecionados pelos organismos e mecanismos que conduzem à produtividade, às performances heróico-míticas que pautam a serialização e oferecem modelos ideais e idealizáveis. Apagar os matizes da memória e das vivências sempre individualizadas significa homogeneizar o presente, pois impõe um atestado de procedência única. Significa também impor um único destino, um roteiro de vida previsto, um futuro de sonhos uniformizados e pré-fabricados.

As funcionalizações: corpo-mídia, corpo-máquina, corpo-bomba, corpo-matéria-prima, corpo-química, corpo-imaterial

Entre as estratégias encontradas pelas cruzadas civilizatórias dos últimos séculos, embalados pelo tilintar da produção sempre crescente de bens e mercadorias, encontram-se aquelas que buscam afastar um grande entrave, o corpo vivo, bem como seus clamores espaciais e temporais e suas projeções vinculadoras, seu ócio e seu sonho, sua diversidade e sua complexidade, sua criatividade e sua elasticidade. Foram, assim, plasmados corpos substitutivos para domar a rebeldia daqueles que insistiam em resistir em sua corporeidade multifacetada. Alguns exemplos dentre as muitas e muitas possibilidades estão aqui apresentados.

O corpo-mídia é a funcionalização do corpo como suporte publicitário. Sua utilização comercial sempre esteve presente nos últimos séculos como forma de subemprego. Atualmente a estratégia é mais refinada. Já não se paga ao agente que veicula determinada marca ou proposta. Ao contrário, é o próprio agente que paga para pertencer a um seleto clube, uma seleta marca, uma distinta grife. Paga-se para pertencer e poder portar determinados sinais estereotipados de distinção e prosperidade. Já não importa se o agente é efetivamente distinto e próspero, o que importa é que ele carrega tais imagens. O corpo-mídia, como diz o nome, não possui procedência, pois apaga as marcas de seu passado, relega suas memórias ao soterramento para melhor ostentar sua filiação presente, não se orgulha de ser corpo, mas se vangloria de ser suporte, *display*, mostruário.

A fabricação do corpo-máquina tem uma história igualmente longa, que começa no momento em que o homem desenvolveu ferramentas. E tem um capítulo relativamente recente, desde que passou a incorporar as ferramentas, embutindo-as em si próprio ou desenvolvendo-se à imagem e semelhança delas. O corpo-máquina é objeto de encantamento e adoração por sua perfeição apolínea, por sua obediência total e absoluta aos cânones das formas e funções corretas, por seu pertencimento à norma-padrão, o que equivale dizer por sua uniformidade com todos os outros corpos-máquinas. Uma máquina é um produto sujeito ao desgaste e, finalmente, ao descarte. O corpo-máquina, por ser construído pelo próprio homem como as outras máquinas, não pode pensar em seu cenário futuro, pois seu único destino será a obsolescência e o posterior sucateamento. Sendo ele seguidor das normas de funcionamento, não se lhe permitem desvios nem supérfluos. Tampouco é permitido o tempo de descanso ou da introspecção, pois o descanso é improdutivo e ocioso — e o ócio abre as portas para a introspecção, que abre caminho para a reflexão e o conhecimento.

O corpo-bomba, ao contrário do que os meios de comunicação propagam, não é apenas aquele que participa de atos terroristas. Muito mais comum e mais freqüente que aquele, o corpo-bomba se programa para uma explosão única, definitiva, ou para microexplosões diárias em nome de uma meta qualquer. Essa pode ser tanto um padrão de vida como uma crença religiosa. O corpo-bomba é feito para ser destruído e transformado em imagem de mártir ou herói. Mas não são os deuses das religiões e das mitologias seus maiores inspiradores: outras entidades titânicas ou divindades primitivas, juntamente com outras configurações com caráter e poderes divinos, dividem o cenário de comando do corpo-bomba, assumindo estranhos nomes modernos como "trabalho", "esporte", "elegância", "saúde", "moda", "mercado", "economia".

O corpo-matéria-prima foi apontado por Günther Anders como o combustível da Revolução Industrial. O corpo humano era (e é) usado intensa e exaustivamente até o esgotamento. E então era (e continua sendo) substituído por novos corpos, mais jovens e com mais energia para ser consumida pelo mecanismo da produção. Anders denominou tal realidade de "canibalismo pós-civilizatório". Não mais se enxerga o corpo como vida a ser cuidada e preservada, como destino e projeto, como desenho de complexas funções. O que unicamente interessa é o presente produtivo. Esgotado este, nenhum compromisso, nenhuma obrigação, nenhuma compaixão prende a sociedade a seu cidadão. Carta fora do baralho, ele próprio terá de zelar por si mesmo quando não mais estiver no pico de sua força de trabalho. Dietmar Kamper resume essa lei como "o trabalho tende à desmesura enquanto a vida tende ao desamparo".

O corpo-química é um corpo biológico, fabricado lentamente pelo "acaso" programado das leis da evolução, pela complexificação dos organismos e dos processos bioquímicos. Nesse corpo, as interferências da vontade somente poderão se efetivar por intermédio de agentes químicos. As intervenções sobre ele também serão exclusivamente por meio de agentes químicos, nunca por fatores culturais, por idéias, por conceitos, por imagens. A história se reduz a uma complexa seqüência de reações químicas. Nenhuma imagem se produz na mente do homem que não seja determinada pela vontade das células, dos tecidos, do metabolismo e das trocas bioquímicas. Nenhum desejo, nenhuma perversão, nenhuma virtude será fruto da história, da cultura, do entorno, das relações. Tudo estará previsto e programado em uma grade ou grelha combinatória de moléculas que se montam sob a forma de genes.

O corpo-imaterial, ou corpo-software, segue a tendência da imaterialização e da miniaturização que atinge os produtos da última revolução industrial. Vilém Flusser denomina essa tendência "escalada da abstração". O mesmo autor dedicou-se ao tema das não-coisas que hoje se valorizam mais que as coisas. Em consonância a esse desenvolvimento, somos já em muitas situações não-corpos ou corpos imateriais. Às vezes somos reduzidos a uma linha, quando levados a enfatizar o desempenho em uma carreira no *curriculum vitae*. Às vezes somos reduzidos a um único ponto, quando não somos uma presença corporal desejada como um consumidor, um contribuinte, um cliente de banco. Nenhuma instituição reserva espaço para a existência de nosso corpo. Incentiva-nos a ser um número programado para exercer programas mas sem comparecer em outras dimensões que não aquela dimensão zero do ponto, a nulodimensionalidade.

POR UMA ECOLOGIA DO CORPO E UMA ECOLOGIA DA COMUNICAÇÃO: O CORPO EM NEGATIVO

Há um evidente conflito cultural em torno da instância corpo que percorre as vias e as veias de nosso tempo; talvez mais que em um simples conflito, talvez nos encontremos mesmo em uma guerra plena entre duas posições estratégicas que se confundem sob uma mesma palavra: "ecologia". Em seu sentido mais difundido a palavra designa o estudo de ecossistemas, mas em um sentido oculto ela poderia ser lida como "eco-logia", ou o estudo dos ecos. Em sua raiz grega, esses dois sentidos se distinguem claramente em *oikos* e *echo*.

Como os ecos são reverberações (vazias e cada vez mais esmaecidas), são a própria metáfora do esmaecimento das imagens (do corpo) nos jogos especulares. No jogo das reverberações, encontramo-nos cada vez mais encantados pelos ecos e cada vez mais distanciados e desvinculados da corporeidade, de seus apelos, seus encantos, seus prazeres, seus desejos, e até mesmo de sua fragilidade e finitude. A figura da ninfa Echo é o mito regente desse fenômeno tão antigo e tão contemporâneo: por sua excessiva prolixidade, a ninfa Echo recebe como castigo a impossibilidade de dizer suas próprias palavras, apenas repetindo aquelas de seus interlocutores. Apaixona-se pelo belo Narciso mas não consegue atraí-lo, pois ele somente se deixa seduzir pelos próprios reflexos (ecos visuais) em uma fonte, ali morrendo devorado pela imagem. Echo, por sua vez, esvai-se em dores de amor, deixando como restos apenas sua voz, que segue reverberando nos amplos espaços.

Já uma "oiko-logia", a tão atual ecologia, que está preocupada com a preservação dos ambientes, deverá incluir aí — e com certeza o faz como sua motivação primeira — a preservação do bem maior que nos deu a vida: o corpo e sua riqueza de possibilidades e potencialidades. Assim, entre *oikos* e *echo* há uma distância diametral; se a guerra que se trava entre ambos aponta o favoritismo para o vazio de uma civilização da imagem, o grau de resistência civil e as políticas públicas começam a despertar para os falsos ganhos econômicos de uma realidade social e econômica apenas imagética e superficial que ignora a corporeidade. Tal realidade não investe na sustentabilidade, não opera com registros prospectivos de mais longos prazos e pode estar condenando seu próprio futuro à inviabilidade.

Assim, encontramo-nos na encruzilhada entre os ecos de corpos, ou corpos em negativo, e uma ainda incipiente resistência civil em favor de uma ecologia do corpo, o resgate dos ambientes comunicacionais que o próprio corpo gera e nos quais pode existir plenamente, pode deixar desdobrar-se suas múltiplas potencialidades.

PARA TENSIONAR O PARADOXO: O CORPO EM QUIASMA E O PENSAR CORPORAL

Na era da imagem mediática, a contaminação dos corpos com qualidades e peculiaridades das imagens ocorre irrestrita e incontrolavelmente. Se considerarmos que a imagem é o fruto do paradoxo que se formula pela presença de uma ausência, o corpo-imagem será igualmente paradoxal — tal qual um fantasma negativo em neurologia, um corpo que aí está, existe e persiste, mas não temos (ou pouco temos) contato com ele, não o sentimos. A melhor forma de descrevê-lo é por meio da figura do quiasma, figura em cruz, que tensiona ainda mais o paradoxo: um corpo que é não-corpo, posto que está ausente de si mesmo, e uma imagem que não é imagem, posto que é a presença de uma presença (e não a presença de uma ausência). Resulta aí um xis (*chi* em grego, letra que dá origem à palavra "quiasma"): o corpo-imagem em conflito com a imagem-corpo.

Uma cruz, falando histórica e culturalmente, nunca é um objeto de deleite e prazer, mas sim um instrumento de tortura a respeito do qual devemos aprender, lendo-o como imagem e meditando sobre sua força, bem como sobre a superação dos grandes obstáculos e das grandes dores. Na imagem do quiasma, igualmente, há uma dinâmica que pode reverter vetores que conduziram progressivamente a uma perda do corpo, de corpo presente. A tomada de consciência desse estado de coisas pode ser o princípio do *pensar com o corpo*.

NOTA

1. O título do presente ensaio rende homenagens a um pensador que ousou ampliar os estreitos limites da chamada "Publizistik", a comunicação social (ou comunicação pública), em pleno calor dos embates de 1968, na sempre rebelde Berlim: Harry Pross. Nascido em 1923, vive em Weiler/Allgäu, na Alemanha, onde continua escrevendo. Em Heidelberg estudou ciência política com Alfred Weber e psicologia com o médico e psicossomaticista Viktor von Weizsäcker. Foi redator-chefe da Radio Bremen, professor da Hochschule für Gestaltung em Ulm e diretor da Faculdade de Comunicação da Universidade Livre de Berlim. Publicou cerca de quarenta livros sobre jornalismo, comunicação, literatura e política, entre os quais se destacam: *Pesquisa dos meios*, *Introdução às ciências da comunicação*, *Simbologia política*, *Coerções: ensaio sobre a violência simbólica*, *A sociedade do protesto*, *O homem na rede dos meios*.

REFERÊNCIAS BIBLIOGRÁFICAS

ANDERS, G. *L'Uomo è antiquato. 1. Considerazione sull'anima nell'epoca della seconda revoluzione industriale*. Torino: Bolatti Bolinghieri, 2003a.

_____. *L'Uomo è antiquato. 2. Sulla distruzione della vita nell'epoca della terza revoluzione industriale*. Torino: Bolatti Bolinghieri, 2003b.

BAITELLO, N. *A era da iconofagia – Ensaios de comunicação e cultura*. São Paulo: Hacker Editores, 2005.

_____. "As núpcias entre o nada e a máquina. Algumas notas sobre a era da imagem". In: BERNARDO, G. (org.). *Literatura e ceticismo*. São Paulo: Annablume, 2005.

_____. "Kopf, Lungen, Finger, Gesicht, Zunge und das Nichts. Der unsichtbare Körper und seine (kleine) Anatomie". In: HENSEL, T. *et al. Lab immer wieder weiter. Jahrbuch 2005/2006 für Künste und Apparate*. Colônia: Walter König, 2006.

_____. "O espírito do nosso tempo: o presente crucificado". In: CONTRERA, M. S. et al. *O espírito do nosso tempo*. São Paulo: Cisc/Annablume, 2004.

BAITELLO, N.; CONTRERA, M. S.; MENEZES, J. E. O. *Os meios da incomunicação*. São Paulo: Cisc/Annablume/Cisc, 2005.

CYRYLNIK, B. *Sous le signe du lien*. Paris: Hachette, 1989. [*Sob o signo do afecto*. Lisboa: I. Piaget, s.d.]

EIBL-EIBESFELDT, I. *Liebe und Hass. Zur Naturgeschichte elementarer Verhaltensweisen*. Munique: Piper, 1970.

EIBL-EIBESFELDT, I.; SUTTERLIN, C. *Im Banne der Angst. Zur Natur- und Kunstgeschichte menschlicher Abwehrsymbolik*. Munique: Piper, 1992.

EICKHOFF, H. *Himmelsthron und Schaukelstuhl. Die Geschichte des Sitzens*. Munique: Hanser, 1993.

FLUSSER, V. *Gesten*. Frankfurt/Main: Fischer, 1997a.

_____. *Medienkultur*. Frankfurt/Main: Fischer, 1997b.

_____. *Vom Subjekt zum Projekt. Menschwerdung*. Frankfurt/Main: Fischer, 1998.

FÖLDÉNYI, László. *Abgrund der Seele. Goyas Saturn*. Munique: Mathes&Seitz, 1994.

KAMPER, D. *O trabalho como vida*. São Paulo: Annablume, 1997.

_____. *Unmögliche Gegenwart*. Munique: W. Fink, 1995.

KAMPER, D.; WULF, C. *Das Schicksal der Liebe*. Berlim: Quadriga, 1988.

_____. *Das Schwinden der Sinne*. Frankfurt: Suhrkamp, 1984.

_____. *Die Wiederkehr des Körpers*. Frankfurt: Suhrkamp, 1982.

MONGARDINI, C. *Le dimensioni sociali della paura*. Milão: Franco Angeli, 2004.

PROSS, H. *A sociedade do protesto*. São Paulo: Annablume, 1997.

_____. *Der Mensch im Mediennetz*. Munique: Ártemis, 1996.

_____. *Medienforschung*. Darmstadt: Carl Habel, 1972.

SAMSONOW, E. *Was ist anorganischer Sex wirklich? Theorie und kurze Geschichte der hypnogenen Subjekt und Objekte*. Colônia: Walter König Verlag/Vilém Flusser Archiv, 2005.

SCHMITZ, H. *Der Leib, der Raum, die Gefühle*. Stuttgart: Tertium, 1998.

_____. *Die Liebe*. Bonn: Bouvier, 1993.

_____. *System der Philosophie II/1. Der Leib*. Bonn: Bouvier, 1965.

STRAUS, E. "Vom Sinn der Sinne". *Ein Beitrag zur Grundlegung der Psychologie. Gesammelte Schriften*. Berlin, Göttingen, Heidelberg, Springer Verlag. 2. vermehrte Aufl, 1956.

WEIZSÄCKER, V. *Der Gestaltkreis. Theorie der Einheit von Wahrnehmen und Bewegen*. Stuttgart: Georg Thieme Verlag. 3. Aufl, 1947.

WULF, C. (org.). *Cosmo, corpo, cultura — Enciclopedia antropológica*. Milão: Mondadori, 2002.

WYSS, D. *Lieben als Lernprozess*. Göttingen: Vandenhoeck, 1988.

_____. "Mitteilung und Antwort". *Untersuchungen zur Biologie, Psychologie und Psychopathologie von Kommunikation*. Göttingen: Vandenhoeck, 1976.

6 CORPO, VIGILÂNCIA, CONTROLE

Paulo Cunha e Silva

A contemporaneidade é marcada por uma profusão de corpos. Não só se libertou o corpo como também uma quantidade insuspeita de corpos que ele guardava zelosamente (Cunha e Silva, 2003a).

O direito ao corpo, a utilizá-lo, é um dos identificadores mais eficazes da sociedade contemporânea, tendo marcado todos os movimentos de emancipação e a profusão de estudos de gênero que aconteceram a partir da década de 1960. Há, portanto, um rasto, um traço de corpo em todos os discursos que pretendem situar ou balizar a condição contemporânea (Andrieu, 2004).

O corpo deixou de ser o suporte, o método, e passou a ser o tema ou, se preferirmos, o problema. Mesmo as *artes do corpo*, que até essa época se serviam dele como estrutura produtora de sentidos, passaram a olhá-lo como o sentido.

Como se querendo dizer: se é com o corpo que falamos, é do corpo que queremos falar. Passamos daquilo a que chamei uma *corporologia* para uma *corporografia* (Cunha e Silva, 1999). A contaminação do discurso pela matéria enunciada passou a ser, assim, uma característica das disciplinas que usavam o corpo para contar a história do mundo.

A dança passou a dançar-se, o teatro passou a representar-se, o esporte passou a ser visto como uma corporeidade, com uma reflexividade e uma autopoiese muito própria (Cunha e Silva, 2003b). Essa explosão, essa saturação que tem como conseqüência uma sobreexposição, levou também a uma situação de fragilização. Com tanto corpo disponível, seria possível abater algum sem que alguém se desse conta. A centralidade cultural e científica do corpo transformou-o não só num objeto de desejo, mas sobretudo num objeto a ser vigiado. As retóricas contemporâneas da saúde e do corpo saudável fundam-se num princípio articulado de vigilância e controle, diagnóstico e terapêutica. Vigilância bioquímica e imagética *versus* controle terapêutico. O próprio treino esportivo remete à avaliação e à prescrição. Nesse contexto emergem dois grandes grupos de corpos: "corpos centrípetos", de vigilância e controle rígidos; "corpos centrífugos", de vigilância e controle flexíveis. É da anatomia desses novos corpos que falaremos (Cunha e Silva, 1999).

> *Antes de habitar o bairro, o apartamento, o indivíduo habita o seu próprio corpo, estabelece com ele relações de massa, de peso, de envolvimento, de envergadura, etc. É a mobilidade e a motilidade do corpo que permitem o enriquecimento das percepções indispensáveis à estruturação do eu. Diminuir, mesmo abolir esta dinâmica veicular, fixar ao máximo as atitudes e os comportamentos, é perturbar gravemente a pessoa e lesar as suas faculdades de intervenção no real.* (Virilio, 1976, p. 36)

O movimento surge, assim, como uma atividade de descontrole. Apesar de o tempo e o espaço objetivos serem isocrônicos e isométricos, o tempo e o espaço subjetivos são, como demonstra Métoudi (1994), "heterocrônicos e heterométricos". Por isso, o corpo de quem se move é uma entidade capaz de fluidificar o tempo e o espaço, de lhes impor uma curvatura. O corpo, tendencialmente, furta-se à vigilância, pois sua natureza é escapatória. Mas essa natureza pode ser iludida por meio da introdução de um marcador que fornece indicações precisas acerca de sua posição. Estaríamos perante um corpo televigiado, um corpo que foge mas, de fato, não consegue fugir, matéria que alimenta toda a filmografia da fuga. De resto, sistema utilizado pelos serviços prisionais portugueses no controle de saída temporária dos presos. Os presos saem, mas, de fato, continuam presos.

Podemos também, no limite, admitir que um corpo móvel é um corpo estático num meio móvel, num espaço fluido. Esta alteridade da perspectiva reforça a construção da complementaridade e despolariza o problema: já não há um corpo e um lugar, há um corpo-lugar. No limite, dada a proliferação das agências de controle, todos os corpos seriam vigiados, controlados. Haveria uma cartografia geral dos corpos que faria o rastreio de todas as situações de fuga, de todas as "ovelhas tresmalhadas". O corpo motor acentua a situação porque aumenta as dependências e as implicações mútuas. Aumenta o universo de possibilidades.

Nessa pulsão relacional entre exterior e interior, o corpo aclimata-se, admite que o exterior modifique o interior de forma a que o meio perca a hostilidade radical e possa aparecer como um espaço habitável. O corpo oferece ao meio um espectro *homeomecânico* de soluções biológicas (numa perspectiva global, isto é, desde soluções adaptativas do tipo bioquímico até soluções adaptativas de natureza social ou biossocial). Altera-se e volta ao ponto de partida quando cessa a perturbação, afirmando-se como uma estrutura homeostática (porém, como a homeostasia não é completa, o mais adequado é falar em uma *quase-homeostasia*). Ou então se adapta, ou seja, transforma-se, numa perspectiva *homeodinâmica,* o que reforça a ligação interior-exterior.

O exemplo mais paradigmático desse corpo transformante é o corpo motor submetido a um programa de treino. Esse corpo homeodinâmico se altera não porque o meio externo, numa perspectiva fixa, altere-se, mas porque se altera a perspectiva relacional que faz dele um corpo em ação. O meio que ele habita não é o espaço euclidiano, definido pela área do campo (como metáfora do tempo e do tipo de treino), mas um espaço fractal que se desdobra em variabilidades que alteram a dicotomia simples entre o exterior e o interior (do corpo). Mas até o espaço fractal é um espaço submetido a todas as vigilâncias. O desenvolvimento de uma inteligência de terceira geração, de um sistema de controle de terceira geração, leva espaços e territórios inesperados a poder sofrer essa ocupação.

O meio do corpo em ação, seu lugar (mais do que em qualquer outro corpo), não é o que está fora, mas o que estando fora se faz dentro, fazendo-se fora. Será, então, possível falar em uma "ecométrica", integrando percepção e ação numa espacialidade recorrente de natureza não-euclidiana (Shaw e Kinsella-Shaw, 1988). O corpo não só é perseguido como, quando chega, já existe uma câmera (de filmar) à sua espera.

Não será de pouca importância, a esse propósito, notar a alteração de configuração que sofreram os novos espaços esportivos: de espaços em que o primado da linha e do ângulo reto era inquestionável, passaram a ser espaços que contestam esse desenho (Eichberg, 1995) e impõem a curva como elemento representativo de certa idéia de nicho ecológico. Circunstância que recupera a idéia de que o corpo esportivo é sobretudo um corpo relacional, um corpo no lugar, capaz de fundar uma "ecologia cultural" mediante a integração das várias disciplinas que convoca para se perceber (Eichberg, 1995).

Ecologia, já havia assinalado Bateson, é a ciência que poderá abordar a questão da adaptação e do vício (da "adaptação-vício") a vários níveis (Bateson, 1987, p. 154). Como sabemos, os processos de adaptação geram comportamentos aditivos, viciados, que reforçam a dependência dos sistemas em relação ao lugar que os gera e fundamenta.

O corpo treinado é um corpo viciado, pois necessita de exercício para se manter. A partir do momento em que descobre as novas ordens espaciais (as novas espacialidades), dificilmente consegue viver sem elas. O destreino é um processo doloroso, com conseqüências metabólicas importantes. Em certo sentido, se o corpo recupera-se rapidamente da lesão oxidativa (Cunha e Silva, Almeida, 1994) e sua flexibilidade aumenta nesse momento, no futuro sua rigidez aumentará: o treino não aceita o destreino, torna o corpo prisioneiro de si (ver, a esse propósito, expressões como "ginástica de manutenção", "não se deixar ir abaixo" etc.). Ou seja, o treino assume-se como um processo de controle e vigilância.

Ao tentar superar-se continuamente, com o objetivo de ser mais eficazmente ativo, o corpo confronta-se com o fato de ser seu próprio obstáculo. No limite, para melhorar o corpo, suas performances, seria necessário eliminá-lo (Fleming, 2002). Suprimir o corpo que se revelava um "corpo supranumerário", um corpo limitativo da ação desejada (Le Breton, 1992, p. 263). Substituí-lo por próteses mecânicas ou químicas, capazes de incrementar sua prestação. Tal o paradoxo que a modernidade da prática esportiva de rendimento convoca. Qual a legitimidade da intervenção ou da substituição? O que é *doping*? Não será o treino um tipo de *doping*? Até que ponto o corpo treinado é um agente natural? Se deixar de sê-lo, qual será o seu lugar no contexto dos esportes? Paradoxo supremo, o corpo mais vigiado, mais controlado, é o corpo mais dopado. Aquele no qual a resposta natural foi levada a um limite artificial.

Falemos agora de uma nova entidade que remete para o problema da transparência, da permeabilidade. Há no corpo, por um lado, um princípio de opacidade, de ocultação do interior, e, por outro, um desejo de ver, de produzir uma transparência generalizada. O controle do corpo que a medicina persegue se organiza por meio dessa ultrapassagem do invólucro, da pele, das membranas. Organiza-se mediante uma pulsão radiográfica.

As últimas grandes "criações médicas" acontecem no âmbito da imagiologia, que deixa de ser exclusivamente diagnóstica e passa a ser também terapêutica. Os novos radiologistas não só identificam a lesão como também a vigiam, controlam-na e destroem-na por meio de sondas (processos de cateterismo) que constituem extensões interiores do exterior.

A reversibilidade da relação interior/exterior é, de resto, uma característica biológica da própria natureza membranar. "Fora" e "dentro" indiferenciam-se, assim, na permeabilidade (embora seletiva) das membranas (biológicas), criando condições para uma vigilância suplementar. Ao se separarem, elas são, sobretudo, elementos de ligação, que fazem da sua morfologia fractal um fator de otimização funcional, de indiferenciação seletiva entre o "fora" e o "dentro" nos processos de transporte (Sapoval, 1994).

A ausência de uma oposição alternativa entre "fora" e "dentro" já tinha sido assinalada por Bachelard, em sua *Poética do espaço*, no capítulo em que discute "a dialética do fora e do dentro", quando afirma que "muitas vezes é no coração do ser que o ser é errância" e que "por vezes é estando fora de si que o ser é consistência" (1992, p. 194). Como se o ser projetasse no exterior sua permanência (sua identidade) e admitisse no interior a variabilidade (a diferença) do mundo, criando, dessa forma, o território para o estabelecimento de uma comunicação indiferenciante entre os dois mundos.

O fragmento de um poema de Luís Miguel Nava (1989, p. 15) empresta visibilidade radical a esse contexto ao admitir que:

> [...] *através de um simples gesto [fechar os olhos, se] pudesse homogeneizar o exterior e o interior, como se as trevas, em que o aposento mergulhava e as que dentro de si se desprendiam, fossem de uma só e mesma natureza e, por uma*

progressiva porosidade do seu corpo, circulassem em ambos os sentidos até por completo lhe anularem os limites [...].

No limite, esse corpo fractal que se interliga e interdepende na relação do interior com o exterior é um corpo virtual, um corpo de possibilidades, que habita, que explora a "ecologia do virtual". "Sem 'fora' nem 'dentro', [esses corpos] são interfaces que secretam a interioridade e a exterioridade [...]" (Guattari, 1992, p. 128).

A "ecologia do virtual", que será necessariamente uma *ecologia do imaterial*, fornece ao corpo (e às suas representações) uma rede instável de novos lugares onde se pode abrigar e com os quais pode interagir. Como explica Quéau (1993, p. 121), "uma nova relação entre o gestual e o conceptual pode ser imaginada. Podemos até falar de uma hibridação entre corpo e imagem [...]. A imagem virtual transforma-se num 'lugar' explorável". E aqui, mais uma vez, o aumento dos territórios disponíveis transforma-se numa sobreoferta de oportunidades, de possibilidades para a vigilância e o abate.

Deixa de ser necessário sair de um lugar para chegar a outro (a qualquer lugar) — não na perspectiva de que os lugares se aproximam de nós por causa das "auto-estradas da informação" nem na perspectiva da "telepresença" (em que chegada e partida se confundem) (Weissberg, 1993), mas na perspectiva da imersão total, proprioceptiva: estamos (envolvidos) no lugar (em qualquer lugar). E, assim, estamos também vigiados.

O lugar virtual é um "âmnio". Somos, assim, sujeitados a uma vigilância amniótica. Não é, todavia, um lugar que apele exclusivamente à passividade do corpo, de um corpo contemplativo e deslumbrado com os novos territórios; pelo contrário, "o virtual" pressupõe a interatividade e estimula a manipulação, é um lugar que pede para ser tocado, sentido, vivido, é um lugar-ação. Como acentua Loret (1995, p. 311), "a realidade virtual vai disponibilizar uma multiplicidade de formas de atividade totalmente inesperadas" e seu maior risco será, justamente, a auto-suficiência desse mundo virtual, que em termos sensoriais é tão real como todos os mundos fundados na eficácia do par percepção-ação: no mundo virtual é possível ter mais autopercepção e agir com um rendimento maior que no mundo designado "real".[1]

Estaremos perante o risco da emergência de uma cibernética do comportamento, da cibernética social de que falava Norbert Wiener, com todas as ciberpatias associadas, como interroga Virilio (1994)? Admitamos, com esse autor, que "[...] toda a tecnologia veicula a sua própria negatividade. Inventar o comboio é inventar o descarrilamento, inventar o avião é inventar a sua queda. Inventar a realidade virtual é inventar um risco cujos contornos ainda não conhecemos porque é um risco emergente [...]" (Virilio, 1994, p. 97). O virtual tem "virtudes" mas também provoca "vertigens" (Quéau, 1993). O virtual, ao aumentar as possibilidades de fuga, aumenta também as possibilidades de controle.

Mas voltemos ao controle, não da posição mas do movimento, que caracteriza o corpo esportivo. Para Foucault (1979, p. 25), "o corpo só se transforma numa força útil se for simultaneamente um corpo produtivo e um corpo subjugado", sendo essa a forma mais eficaz de gerir com sucesso o investimento energético (em sentido lato, e não exclusivamente metabólico/alimentar) que lhe é dispensado, isto é, transformando-o em resultado, utilizando-o, e não o desperdiçando.

Para Elias e Dunning (1992, p. 79), "o desporto [...] pode evocar um tipo especial de tensão, uma excitação agradável e, assim, autorizar os sentimentos a fluírem mais livremente. Pode contribuir para perder, talvez para libertar, tensões provenientes do 'stress' [...], pode ter um efeito libertador catártico". Isso porque, "numa sociedade em que as inclinações para as excitações sérias e de tipo ameaçador diminuíram, a função compensadora da excitação-jogo aumentou" (p. 113).

Foucault convoca um registro energético de contornos circulares, de aproveitamento, de fechamento. A punição, o controle e a vigilância, impostos pelos regimes concentracionários de treino, seriam o instrumento dessa circularidade. Durante o treino, os atletas são habitualmente afastados do convívio social, para que a possibilidade de perdas, em resposta a solicitações de várias ordens (desconcentrações, em suma), seja minimizada. Estamos diante de um *corpo centrípeto* (Cunha e Silva, 1999). Elias e Dunning, pelo contrário, colocam o problema na perspectiva da dissipação, da abertura, da espiralidade. E o instrumento da "perda", do desinvestimento, do descontrole, da subvigilância, seria a excitação. Nesse caso estamos perante um *corpo centrífugo* (Cunha e Silva, 1999).

O corpo centrípeto seria um corpo homeostático, tendendo para um "atrator pontual"; o corpo centrífugo seria um corpo oscilatório, capaz de utilizar a turbulência que o "atrator estranho" em que se move lhe disponibiliza, para fazer estrutura, para criar (resultados).

Por um lado, temos o esporte de fruição, que é levado ao limite pelas representações/modalidades daquilo que Midol (1992) chama de "movimento *fun*" – que se baseia em conceitos como "velocidade", "fluidez", "jogo" e "liberdade", e origina práticas como surfe, *skate*, asa-delta, parapente etc. –, e animado quase exclusivamente por uma estratégia de excitação, uma procura lúdica. O movimento *fun* inaugura uma lógica – a que chamamos *fun logic* – que contesta a lógica da vitória e do resultado do esporte de rendimento e, de certa forma, recupera a moldura "irracional" (Loret, 1995) que funciona como último território do "atrator desconhecido" (o corpo esportivo) e caracteriza o corpo não vigiado, descontrolado. Temos também o esporte que se reformula na associação com outras manifestações corpóreo-motoras, como a dança e o teatro, formando o que Eichberg (1995) designa por "palco das terapias do corpo", e reflete, na sua perspectiva, uma revolução que está sendo operada na "cultura do corpo".

Por outro lado, temos o esporte-resultado, de rendimento, o esporte do treino-limite, da punição, do corpo vigiado, do corpo controlado, em que o sofrimento surge como "um preço a pagar" e a vitória, como uma recompensa (Midol, 1992). O treino faz parte dessa perspectiva e, na expressão de M. de Certeau (*apud* Baillette, 1992), é visto como "um utensílio para escrever o corpo". Como um *body work*: um trabalho simultaneamente "com" (*with*) e "no" (*on*) corpo (Wacquant, 1995). O corpo se oferece com passividade à verificação, ao controle e à vigilância, bem como à utilização de seus limites para perseguir outros limites, os limites da medida, do recorde, e constitui-se como o intérprete do "grande espetáculo" contemporâneo em que a medida foi erigida (Guillerme, 1992).

O corpo esportivo decorre, assim, duma lógica de biestabilidade — instalada nos sistemas em que se verifica aquilo a que os caologistas chamam de "dobragem de período" ou bifurcação. O corpo esportivo coloca-se entre uma "cultura esportiva digital" (numerológica, de resultado, vigilância) e uma "cultura esportiva analógica" (da não-vigilância, uma cultura em que o rigor do resultado é substituído pela fluidez do prazer) (Loret, 1995). Por isso, como corpo paradoxal que é, oferece um terreno excelente para a experimentação da ambigüidade taxonômica do corpo contemporâneo. De que falamos quando falamos do corpo? De vigilância ou de tolerância? De *diferença*.

Vejamos agora como excitação e punição, descontrole e controle, transformam-se num problema de perspectiva nos esportes em que a circunstância do confronto é mais evidente (caso de esportes coletivos): a excitação de uns é a punição dos adversários e vice-versa. Joga-se na alteridade de duas equipes. Existe uma linha real, definidora dos territórios como lugares de posse. Pode tratar-se de uma linha fixa (como no vôlei), em que a rede é um obstáculo intransponível, ou de uma linha fluida que o jogador arrasta consigo quando invade o campo adversário (como no futebol) e que, por ser uma ilhota de seu campo, legitima a invasão no campo adversário.

Ao colocar-se no campo do adversário e levar essa ousadia ao limite da violação, marcando gols ou fazendo cestas, o jogador rompe uma superfície ou linha arbitrária que se situa no fundo do território e cuja inviolabilidade é o objetivo mais sagrado para quem defende, mas cuja violação é o prêmio mais cobiçado para quem ataca. Excitação e punição trocam aqui de intérpretes na vertigem da passagem da condição de atacante à condição de defensor.

O corpo atacante é naturalmente um corpo que se abre, espiraliza-se, um corpo que ousa, que tenta a vitória. E a vitória, em qualquer competição, passa pela gestão dessa abertura ao mundo, pela gestão do raio da espiral. Uma espiral demasiadamente aberta perde-se, deixa seu potencial de diferença e intervenção empalidecer, disseminando-se sem objetivos. Uma espiral demasiadamente fechada impede que seu conteúdo possa emergir em quantidades suficientes para provocar qualquer alteração no mundo. No limite, transforma-se numa circunferência, na estrutura de fechamento que caracteriza o corpo defensivo. Um corpo que não ousa colocar-se no território do adversário.

Em esportes desse tipo, tidos como mais violentos (como o rúgbi), o confronto esportivo é associado a um confronto físico muito evidente, que visualiza com eficácia a oposição excitação/punição. Como dizem Elias e Dunning (1992, p. 394), "todos os desportos são por natureza competitivos e, por isso, possibilitam a emergência da agressão. Sob condições específicas, essa agressão pode transbordar em formas de violência manifesta que são contrárias às regras. Contudo, em alguns desportos — o râguebi, o futebol e o boxe são exemplos —, a violência, na forma de 'representação de luta' ou de 'confronto simulado' entre dois indivíduos ou grupos, é um ingrediente fulcral e legítimo".

Como é evidente nessa situação, excitação e punição são realidades indissociáveis, a neutralidade não é admitida ("Se você não é dos meus, é um adversário e, assim, mais vale bater logo do que ficar à espera de apanhar"). A verdadeira excitação, o verdadeiro prazer, decorre da incursão no território adversário onde os riscos de punição são também maiores. Há, contudo, uma noção alargada de campo que reforça a sensação de segurança: é o fato de jogar "em casa". Jogar em casa é permitir que o campo ultrapasse as dimensões formais e se estenda afetivamente até as bancadas, e mesmo as ultrapasse.

Identifica-se, portanto, uma sucessão fractal de circunstâncias protetoras, uma proteção (transescálica) estar dentro de si — o primeiro território protetor —, no seu campo, no seu estádio, na sua cidade, na sua região, no seu país, que estimula a investida sobre o adversário. As investidas mais arrojadas têm sempre um escudo que no limite as salvará (só os loucos investem sem escudo). Ele é a possibilidade de voltar atrás, aos seus, ao calor uterino, ao seu campo. É no seu campo que a espiral se retrai, para logo depois se abrir com mais jactância no campo adversário. É impossível manter por muito tempo uma situação de investida, em que se procura a excitação máxima, sem sentir os efeitos da punição máxima — só por desistência ou incapacidade do adversário, mas, nessa circunstância, ele deixa de ser adversário. A autonomia, ou seja, a capacidade de um sistema se manter num meio adversário, varia na razão inversa da capacidade de intervenção do sistema sobre o meio. Um círculo poderá perpetuar-se indefinidamente; uma espiral de grande raio, de grande abertura, só consegue ter uma intervenção pontual, pois perde rapidamente seu conteúdo.

Podemos por isso afirmar, com algum ceticismo, que o controle e a vigilância acabam por ser mecanismos de auto-organização de que os sistemas (os corpos biológicos ou sociais) lançam mão para sobreviver.

NOTA

1. Ver, a esse propósito, o seminal filme *eXistenZ*, de David Cronenberg (1999).

REFERÊNCIAS BIBLIOGRÁFICAS

ANDRIEU, B. *A nova filosofia do corpo*. Lisboa: Edições Piaget, 2004.
BACHELARD, G. *La poétique de l'espace*. Paris: PUF, 1992.
BAILLETTE, F. "À la vie, à la mort". In: CLAUDE, G. (org.) *Le corps surnaturé*. Paris: Autrement, 1992, p. 123-36.
BATESON, G. *Natureza e espírito*. Lisboa: Publicações Dom Quixote, 1987.
CUNHA E SILVA, P. "Contemporary body in ecological crisis". In: COSTA, L. P.; MARQUES, A. (orgs.). *Environment and sport — An international overview*. Porto: Universidade do Porto, 1997.
_____. "Corpo e identidades fragmentárias". *Trabalhos de Antropologia e Etnografia*, n. 43, p. 9-15, 2003a.
_____. "O corpo que dança — Uma análise bioestética do movimento". *O desporto para além do óbvio*. Lisboa: Instituto do Desporto de Portugal, 2003b.
_____. *O lugar do corpo — Elementos para uma cartografia fractal*. Lisboa: Edições Piaget, 1999.
CUNHA E SILVA, P.; ALMEIDA, M. S. "Vitamin E and oxidative damage in exhaustion exercise". *Journal of the Society of Free Radical Biology and Medicine*. 9 Abs. 27, 1994.
DUNNING, E. "Sport in space and time: civilizing process". "Trajectories of State-formation and the development of modern sport", *International Review for the Sociology of Sport*, v. 29, n. 4, p. 331-348, 1994.
EICHBERG, H. "Problems and future research in sports sociology — A revolution of body culture". *International Review for the Sociology of Sport*, v. 30, n. 1, p. 1-18, 1995.
ELIAS, N.; DUNNING, E. *A busca da excitação*. Lisboa: Difel, 1992.
FLEMING, C. "Performance as guerrilla ontology: the case of Stelarc". *Body and Society*, v. 8, n. 3, p. 95-113, 2002.
FOUCAULT, M. *Discipline and punish: the birth of the prision*. Nova York: Vintage, 1979.
GUATTARI, F. *Chaosmose*. Paris: Galilée, 1992.
GUILLERME, J. "Le grand spectacle de la mesure". In: CLAUDE, G. (org.) *Le corps surnaturé*. Paris: Autrement, 1992, p. 167-76.
LE BRETON, D. *Anthropologie du corps et modernité*. Paris: PUF, 1992.
LORET, A. *Génération glisse — Dans l'eau, l'air, la neige... La revolution du sport des "annés fun"*. Paris: Autrement, 1995.
MÉTOUDI, M. "Sociology of sport and space: a productive bet". *International Review for the Sociology of Sport*, v. 29, n. 4, p. 367-80, 1994.
MIDOL, N. "Paradoxes de la dissidence". In: CLAUDE, G. (org.). *Le corps surnaturé*. Paris: Autrement, 1992, p. 54-62.
NAVA, L. M. *O céu sob as entranhas*. Porto: Limiar, 1989.
QUÉAU, P. *Le virtuel — Vertus et vertiges*. Seyssel: Champ Vallon, 1993.
SAPOVAL, B. "Transfer to and across irregular membranes modelled by fractal geometry". In: NONNENMACHER, T. F.; LOSA, G. A.; WIEBEL, E. R. (orgs.). *Fractals in biology and medicine*. Basel: Birkauser Verlag, 1994, p. 241-50.

SHAW, R.; KINSELLA-SHAW, J. "Ecological mechanics: a physical geometry for intentional constraints". *Human-Movement-Science* 7, n. 1-4, p. 155-99, 1988.

VIRILIO, P. *Essai sur l'insecurité du territoire*. Paris: Stock, 1976.

_____. "Les formes virtuelles". In: NOEL, E. *Les sciences de la forme aujourd'hui*. Paris: Seuil, 1994, p. 153-63.

WACQUANT, L. J. D. "Why men desire muscles". *Body and Society*, v. 1, n. 1, p. 163-79, 1995.

WEISSBERG, J.-L. "Real e virtual". In: PARENTE, A. (org.). *Imagem-máquina*. São Paulo: Editora 34, 1993, p. 117-26.

7 DO CORPO À CORPOREIDADE: A ARTE DE VIVER O MOVIMENTO NO ESPORTE

Wagner Wey Moreira
Eline T. R. Porto
Michele Carbinatto
Regina Simões

A máquina funciona; o corpo vive.
MAURICE MERLEAU-PONTY

INTRODUÇÃO

As primeiras perguntas a serem feitas na empreitada de refletir sobre valores, mesmo quando não nos preocupamos com uma teoria de valores, podem ser: "Por que discutir valores em relação ao corpo?", "Afinal, ao longo de toda a história, especialmente a ocidental, o corpo não existiu independentemente dessa discussão?", "Mais ainda, hoje não vive o corpo, graças à tecnologia, muito melhor que tempos atrás?", "O campo do esporte pode contribuir para a discussão de valores corporais?", "Muitas das afirmações modernas, inclusive no esporte, não associam o corpo a concepções de máquinas maravilhosas, reparadas graças a intervenções cirúrgicas que embelezam sua estética e melhoram seu funcionamento?"

Analisar essas perguntas, bem como outros questionamentos, é que motivou a proposta deste texto, estruturado no sentido de revelar as diferenças entre o entendimento de corpo, hegemônico ainda hoje na ciência e na educação, e os pressupostos da corporeidade, advogada na produção teórica, entre outras, da fenomenologia, da visão sistêmica e da complexidade.

Também nos propomos a enveredar pelo campo do esporte para encontrar possibilidades da corporeidade nessa área de movimento humano. No primeiro momento, abordamos o corpo e os valores que estão atrelados e o associam a uma eficiente máquina. No segundo, analisamos o trato desse corpo no sentido da corporeidade, privilegiando o sentido do existir, e não o de produzir. No terceiro, associamos essa análise ao ambiente do esporte.

CORPO EM MOVIMENTO: A MÁQUINA EFICIENTE

Ao definir o mundo (e tudo que há nele) como máquina, Descartes apontou como deveria ser a visão, em educação e ciência, que nortearia o trato corpóreo. Mais ainda, quando associou corpo e relógio, definiu o caminho das ciências que deveriam cuidar desse corpo, como a medicina e a própria educação física. Máquina e relógio não pensam, devendo apenas funcionar e ser consertados. Se algo vai mal, as peças são trocadas, e a máquina volta a funcionar corretamente.

As peças, quando ajustadas, imprimem seu funcionamento eficiente — assim deve ser entendido o funcionamento de máquinas. Dessa forma, o corpo-máquina foi conhecido e trabalhado em seus detalhes, manipulado em suas partes, ajustado em seu funcionamento. No entanto, ao buscar a perfeição do corpo por esse caminho, chega-se exatamente ao pólo oposto, como nos alerta Novaes (2003, p. 10):

> *Se a perfeição é o esquecimento de certos fenômenos, o corpo contemporâneo é absolutamente imperfeito, uma vez que ele se tornou não apenas objeto de controvérsias mas também campo de todas as experiências possíveis. O corpo*

transformou-se em máquina ruidosa a ser reparada a cada movimento. Máquina defeituosa, "rascunho" apenas, como descreve David Le Breton, sobre o qual a ciência trabalha para aperfeiçoá-lo.

Talvez isso ocorra, entre outros motivos, porque a ciência manipula as coisas, recusando-se a habitá-las, como já nos informava Merleau-Ponty (1994). A não-incorporação leva-nos a olhar o corpo de fora como mais uma coisa a ser analisada, independentemente da paixão humana, constitutiva importante da corporeidade. Daí o aluno, o paciente, o esportista, o funcionário, o trabalhador, todos são coisas e, como tais, podem ser tratados desapaixonadamente. Paixão e movimento corporal são intrínsecos à corporeidade, como mais uma vez nos lembra Novaes (2003, p. 12):

Não se pode negar que o pensamento depende muito dos movimentos mecânicos do corpo. O corpo em cólera, por exemplo, provoca pensamentos perturbadores. Mas não se pode negar também que, do seu lado, a vontade possa alterar o corpo, pelo poder que ela tem de fazê-lo andar ou parar, por exemplo. Mais, o homem é todo inteiro paixão: lida permanentemente com o medo, o amor, a esperança, a glória, a amizade etc.

A constatação revelada anteriormente não significa que devemos execrar a ciência como ela até aqui foi concebida, mesmo porque ela também realiza milagres, permitindo andar o paraplégico, dando visão aos cegos, colocando a memória humana em um circuito eletrônico. Essa ciência pode, se estruturada em valores adequados, trazer esperança para a cura de vários males do corpo.

Resta então, nesse primeiro momento, denunciar que ciência pretendemos deixar de lado, por haver feito o ser humano se movimentar a um custo muito alto. Logo de início, deve-se superar, por exemplo, a histórica separação entre natureza e cultura, a qual deixou as ciências biológicas e exatas de um lado e as humanas de outro.

O movimento corporal não pode apenas ser entendido como resultado da primazia da prática de ação sobre as coisas, no caso sobre o corpo, esquecendo que o conhecimento do corpo que se movimenta depende também da dimensão da teoria, esta percebida como contemplação, possibilidade de conhecimento descompromissado com uma produção. Não é possível processar o estudo do movimento apenas na relação de causa e efeito, pois assim fazendo privilegiamos o sentido de objeto, ou seja, que as coisas sejam colocadas à nossa frente. Nas palavras de Ribeiro (2003, p. 16):

> *A palavra objeto significa isso: que as coisas sejam colocadas (jeto) à nossa frente (ob). Passamos a vê-las, a olhá-las, a tratá-las como decifráveis. E isso permite [...] uma vez desvendado o mecanismo de causa e efeito, que também causemos os efeitos que desejamos. É a articulação entre ciência e tecnologia, hoje mais forte do que nunca, e que começa com a Modernidade. A objetividade no conhecimento é condição para a eficácia na ação, mas ação num sentido muito específico, que é o de produção ou fabricação.*

Um movimento corporal estudado e analisado em ciência apenas pela ótica da produção não pode ser contemplado pela paixão nele existente, resultante dos receios, dos desejos, da intencionalidade, todos elementos imbricados na complexidade da ação de se movimentar.

Às preocupações já mencionadas podem-se somar as levantadas por Le Breton (2003a), quando anuncia um adeus ao corpo, perspectivando para o futuro a vida dos homens em um mundo de telas e computadores, no qual os contatos físicos são proibidos e os encontros, inexistentes. Daí, para que o movimento em direção ao outro? Se não há carência do outro, representado pelo contato, pelo toque, pelo gesto delicado, qual a razão do movimentar-se?

Diz o autor que há a dissolução dos corpos conectados no espaço cibernético, prevalecendo nos cibernautas as sensações digitais. Atinge-se, dessa forma, a liberdade de mover-se à vontade, sem precisar do movimento de sair do lugar. Ainda em Le Breton (2003a, p.213):

> *O corpo eletrônico no espaço cibernético atinge a perfeição, longe da doença, da morte, da deficiência. Realiza o Paraíso na Terra de um mundo sem densidade de carne, dando viravoltas no espaço e no tempo de maneira angélica, sem que o peso da matéria entrave seu progresso. [...] A Internet tornou-se a carne e o sistema nervoso dos que não conseguem mais ficar sem ela e que só sentem despeito de seu antigo corpo, que não pára, no entanto, de grudar na pele. É claro que para tornar as virtudes do corpo virtual verossímeis, é preciso caridosamente esquecer os vírus.*

Corpo e movimento, uma relação desprovida de carne, de intenção de movimentar-se para ser mais, para conhecer melhor a si mesmo, aos outros e ao mundo. Corpo visto por um agrupamento dos representantes dessas novas tecnologias como algo indigno, destinado ao desaparecimento. Como reverter isso? Como encarar que o corpo físico e existencial não possa ser concebido apenas como uma prisão?

Não se pode responder a essas questões de forma precipitada, pois, nesse caso, estaríamos formulando novas e/ou reforçando antigas dualidades já mencionadas como ciências biológicas *versus* humanas, tecnologia *versus* humanismo, ou outras. Temos a certeza de que superar a visão tecnicista de ciência e movimento não se dará pela negação da produção já conseguida por essa forma de conceber mundo e corpo. É sempre oportuno lembrar, como Regis de Morais (2006, p. 74), que o corpo é ao mesmo tempo um problema e um mistério. Só que problema é algo passível de equacionamento e solução. Ele pode e deve ser presa de nosso conhecimento. Já do mistério nós somos presas e podemos ter dele apenas certa intuição. Melhor dizendo: "O corpo do homem está abrangido por ambas as mencionadas categorias. Ele é, simultaneamente, problemático e misterioso, pois que, podendo ser campo de esquadrinhamento e objeto de conhecimento, também é, em sua existencialização plena, manancial de mistérios" (Regis de Morais, 2006, p.74).

Negligenciar o corpo-mistério pode apressar as previsões de Le Breton (2003b) no sentido de a sexualidade transformar-se em textualidade com a conseqüente dispensa do corpo. O digital substitui o tátil, a pele converte-se em teclado, o *mouse* executa as funções das mãos. Há a hipertrofia do olhar, considerando que a sexualidade virtual é, sobretudo, visual. O tato é estimulado por conversores e os sons para a audição compõem o "clima". Faltará, evidentemente, uma dimensão do corpo que acompanha o erotismo, que é a olfativa.

Corpo-máquina, digital e virtual, que tem sensações provocadas mas sem o contato com o outro. Se o outro é também virtual, qual a razão do movimentar-se corporalmente em direção a ele? Cria-se o cibersexo, no qual o outro é afastado e sua presença não é necessária. Elimina-se a sexualidade e a alteridade fica obsoleta. Ou, ainda, na descrição de Le Breton (2003b, p. 134):

> *Eliminar concretamente o corpo da sexualidade é o melhor meio de impedi-lo de prejudicar a sexualidade. Com efeito, o contato exige sairmos de nossa reserva pessoal, nos submetermos à prova do corpo e nos confrontarmos com uma alteridade complicada, que eventualmente traz consigo perigo físico ou moral. O único risco do cibersexo é o de um curto-circuito nos dispositivos ou de um fio desencapado nos vibradores.*

As preocupações até aqui levantadas estão atreladas ao chamado corpo "normal", aquele que não apresenta nenhuma disfunção sensorial, física e/ou mental. Mas será que isso também se aplicaria ao corpo com deficiência, ou seja, aquele possuidor de algum tipo de anomalia que o excluísse do critério de "normal"?

Se tratarmos o corpo como máquina possível e passível de consertos em suas peças para que ele se torne perfeito em seu funcionamento, certamente os seres humanos com deficiências estarão sendo descartados e impossibilitados de fazer parte desse grupo. Isso pelo fato de não ser possível sanar muitas anomalias, o que no corpo-máquina significa que as peças não têm conserto, não podendo o corpo vir a ser perfeito, eficiente e, conseqüentemente, aceito.

Então questionamos: as pessoas com deficiências são ou não são seres humanos? As disfunções que elas apresentam impedem-nas de ser corpos e de ser eficientes? Esses corpos com deficiências não se movimentam? Ao se movimentar, eles não sentem, não se apaixonam? Desconhecem o que e como estão fazendo?

Ao refletir sobre essas questões, tendo como referência a história e a cultura, observamos que os corpos com deficiências foram excluídos e execrados durante longo tempo na história da humanidade. Essa trajetória indica que as respostas a esses e outros questionamentos estariam vinculadas à não-possibilidade de essas pessoas serem corpos que se movimentam com eficiência, com sensações, com paixão e com percepção de si e do outro em seu entorno.

Como a história e a cultura não param no tempo e seus percursos propõem mudanças, observamos que os corpos com deficiências estão se colocando de frente e na frente das formas de aceitação e manipulação dos corpos. Ser um corpo limitado sensorial, física e mentalmente é de fato apresentar algumas incapacidades e desvantagens perante aqueles que não são deficientes, entretanto isso não deve ser parâmetro para julgar e/ou avaliar as capacidades e os sentimentos de cada um desses corpos ao se movimentar. Como exemplo, podemos pensar num cego andando pelas ruas. Ele, de fato, não enxerga os sinais de trânsito, os carros e as pessoas, e tem algumas desvantagens em relação a nós que enxergamos, como andar mais devagar, necessitar de ajuda sonora ou de outra pessoa para atravessar um grande cruzamento. Mas ele é um corpo em movimento, como qualquer outro, que conhece muitas coisas ao seu redor, revelando-se eficiente e capaz. E esse cego, quando está nas ruas, de forma autônoma e independente, poderá sentir-se seguro e inseguro, alegre e com medo, vitorioso e perdido, de maneira semelhante a nós videntes. Como aponta Porto (2005, p. 43):

> O corpo é quem me possibilita chegar no âmago das coisas; ele é sensível para si, pois é pelo corpo que vejo, que apalpo e, dessa forma, sou capacitado para habitar e sentir o mundo interior e exterior. Partindo desse princípio, devo acreditar que o corpo deficiente da visão também "vê". "Vê" do seu jeito próprio, único e particular, como qualquer outro ser humano que não é deficiente da visão.

A ciência e suas ramificações na biologia, bem como as ciências humanas e as exatas, vêm contribuindo de modo significativo no contexto das pessoas com deficiências, com o intuito de que os antigos valores atribuídos a elas sejam modificados e, principalmente, aceitos por todos, inclusive por aqueles que vêem e tratam o corpo como máquina. É um processo complexo e demorado devido às idéias que nos têm sido transmitidas sobre o que somos e o que devemos ser para sermos aceitos no mundo. Entretanto, acreditamos que as certezas e incertezas, os casos e acasos, as seguranças e inseguranças e os dualismos fazem parte da evolução de todo processo de mudança em andamento, como é o caso dos valores atribuídos ao corpo nos dias de hoje.

Portanto, pensar, analisar, compreender, agir, tratar, enfim, encarar o corpo com ou sem deficiências, são coisas que devem ser feitas da mesma maneira, acreditando nos seres corporais que somos e respeitando-os. Todos somos movimento em potencial, apaixonamo-nos e vivemos no mundo das relações, afinal somos todos corporeidade viva e existencializada.

CORPOREIDADE EM MOVIMENTO: A ARTE DA EXISTÊNCIA

Afirmamos no início deste texto que alterar procedimentos, visões e ações a respeito da existência corporal depende da modificação que ousamos apresentar em relação aos valores que regem essa existência. Por onde então caminhar?

As trilhas possíveis hoje são muitas, razão de optarmos, neste momento, pelo trato da corporeidade, mais precisamente na fenomenologia e na complexidade.

Como justificativa primeira dessa escolha, na fenomenologia, pode ser chamada a idéia de Merleau-Ponty (1994, p.114): "Só posso compreender a função do corpo vivo realizando-a eu mesmo e na medida em que sou um corpo que se levanta em direção ao mundo". Para esse autor a percepção do mundo só é possível pela intermediação do corpo, sendo este o sujeito da percepção. A corporeidade é uma significativa forma de linguagem. Em Capalbo (2003, p. 12), vemos:

> *Nele [no corpo] estão embutidas as questões de valorização de tipos de cultura física, numa dada época da história; questões referentes ao bem-estar, à saúde, à dor, à doença, ao processo de envelhecimento etc. Por essa relação "eu-corpo-outro-mundo", o homem vive a sua corporeidade de modo significativo para si próprio e deseja ser reconhecido, nesse valor significativo, pelos outros.*

Se a história do corpo-máquina eficiente, objeto de investigação e intervenção das ações científicas, foi por nós criticada, devemos perspectivar valores diferentes no trato desse corpo. Daí a busca do entendimento de corpo-sujeito, do corpo vivido na existencialidade, corpo próprio que sente o sentir, que experimenta o experimentar, que vive o viver de forma significativa e significante.

A corporeidade, para Merleau-Ponty (1994), não pode ser o corpo enfocado pelas ciências clássicas como coisa submetida ao pensamento causal e a modelos mecânicos. Melhor dizendo, como afirma Capalbo (2003, p.13):

> *O corpo, para a fenomenologia, não é o corpo objetivo que nega o espírito. Merleau-Ponty traz a questão da corporeidade para o foro de "fenôme-*

no vivido", corpo que se apresenta como sendo de uma subjetividade, corpo próprio no comportamento de um sujeito, ou, como diz a psicologia atual, "esquema corporal dinâmico".

Corporeidade é a melhor expressão da existência, daí a relação recíproca entre vida corporal e pensamento. No entanto, é sempre importante salientar a prevalência do corpo sobre o pensamento nessa relação: o mundo não é aquilo que eu penso, mas sim o que eu vivo (Merleau-Ponty, 1994).

Há, desde já, a necessidade da busca de novos valores em educação, por exemplo, para alcançarmos a mudança do trato do corpo-objeto para o corpo-sujeito. Deve-se considerar, para a assunção do conceito de corporeidade, a educação como uma experiência profundamente humana, como uma aprendizagem da cultura. E aprender, em nossa sociedade ocidental, centra-se no discurso, razão de este não poder se preocupar apenas com determinado conteúdo calcado em conceitos.

O discurso em aprendizagem, para a corporeidade existencial, deve ser provido das características declaradas por Moreira et al. (2006, p. 139), quando se apropriam do trabalho de Rezende (1990):

- descritivo, significante (dizer o que há, o que existe, o que acontece e o que se dá a conhecer);
- pertinente (dizer que não deve omitir nenhum dos aspectos que realmente integram a estrutura significativa do fenômeno);
- relevante (no sentido de melhor precisar a pertinência);
- referente (no sentido de buscar tanto a coerência tópica da análise do fenômeno quanto o seu contexto ou entorno);
- provocante (dizer que há uma descrição que não se contenta em dar apenas respostas, mas pretende refletir de que outras maneiras elas poderiam também ser dadas, e que tudo isso faz sentido para o sujeito que descreve);

- suficiente (no sentido de saber que a descrição é sempre incompleta e inacabada, mas também tem de ser sempre suficiente);
- abrangente, mesmo com a certeza de que nunca alcançará o sentido pleno;
- interpretativo, pois conhecer é perceber, é viver, é interpretar a existência.

A corporeidade, como arte da existência, pode e deve participar de um processo educativo construindo sua história e sua cultura, ao mesmo tempo em que é modificada por essa história e cultura. Ela, ao participar desse processo, pretende compreender o fenômeno humano, centrando suas preocupações no ser humano e na sua existência.

No contexto até aqui trabalhado, existência significa a maneira de ser própria do homem. Só o ser humano existe como ser encarnado. Dessa forma, a corporeidade não pode ser uma coisa no meio de outras coisas, assim como ela não se fecha sobre si mesma.

A corporeidade supera a visão cartesiana, na qual objeto é objeto do começo ao fim e consciência é consciência sempre. A corporeidade, como experiência do corpo próprio, revela-nos um modo de existência ambíguo, porque corpo não é objeto e a consciência que tenho dele não é um pensamento, daí a impossibilidade de decompor e recompor o corpo, como fizeram e ainda fazem os cientistas clássicos, para formar dele uma idéia clara. Por essa razão, Merleau-Ponty (1994, p. 269) afirma:

> *Quer se trate do corpo do outro ou de meu próprio corpo, não tenho outro meio de conhecer o corpo humano senão vivê-lo, quer dizer, retomar por minha conta o drama que o transpassa e confundir-me com ele. Portanto, sou meu corpo, exatamente na medida em que tenho um saber adquirido e, reciprocamente, meu corpo é como um sujeito natural, como um esboço provisório de meu ser total. Assim, a experiência do corpo próprio opõe-se ao*

movimento reflexivo que destaca o objeto do sujeito e o sujeito do objeto, e que nos dá apenas o pensamento do corpo ou o corpo em idéia, e não a experiência do corpo ou o corpo em realidade.

Corporeidade é existência, é experiência vivida, é arte de viver e conviver.

Em suas *Croniquetas*, Moreira (2003), associando seu pensamento ao poema "Instantes", de Jorge Luiz Borges (ou outro, como afirmam alguns pesquisadores), lembra que corporeidade é voltar a viver a vida na perspectiva de um ser unitário, e não dual; num mundo de valores existenciais, e não apenas racionais ou, quando muito, simbólicos. É voltar os sentidos para sentir a vida: olhar o belo e respeitar o não tão belo; cheirar o odor agradável e batalhar para não haver podridão; escutar palavras de incentivo, carinho e de odes ao encontro e, ao mesmo tempo, buscar silenciar ou, pelo menos, não gritar nos momentos de exacerbação da racionalidade e do confronto; tocar tudo com o cuidado e a maneira como gostaria de ser tocado; saborear temperos bem preparados, discernindo seus componentes sem a preocupação de isolá-los, no sentido de tornar a vida mais gostosa e daí transformar sabor em saber.

Corporeidade, afirma ainda o autor, é buscar transcendência em todas as formas e possibilidades, quer individual quer coletivamente. Ser mais é viver a corporeidade, é ir ao encontro do outro, do mundo e de si mesmo. É existencialidade na busca de compromissos com a cidadania, com a liberdade de pensar e de agir, consciente dos limites desse pensar e desse agir. É incorporar signos, símbolos, prazeres, necessidades, por meio de atos ousados ou de recuos necessários sem achar que um nega o outro. É cativar e ser cativado por outros, pelas coisas, pelo mundo, numa relação dialógica.

Corporeidade, como a arte da existência, poderá propiciar o entendimento da relação entre arte e ciência, como nas palavras de Gilberto Gil em sua música "Quanta", incluída no CD de mesmo nome (1997), quando afirma:

[...] Sei que a arte é irmã da ciência
Ambas filhas de um Deus fugaz
Que faz num momento e no mesmo momento desfaz

Firmar a corporeidade como a arte da existência é ter em conta que a visão calcada em fatos concretos oferecida pela ciência e a livre interpretação da realidade que inspira a arte não representam, necessariamente, posições antagônicas. O artista não pode ser visto apenas como um ser afastado da realidade, assim como o cientista não deve ser rotulado como aquele ser totalmente racional. Ao nos debruçar sobre a leitura do passado, vemos que a maioria dos artistas renascentistas também estudava profundamente anatomia, astronomia e matemática, por exemplo. É a partir do século XVII, com a fragmentação dos saberes retirando do ser humano a visão do todo, que identificamos o aumentar do distanciamento entre arte e ciência. Corporeidade, como arte da existência, deve colaborar na reaproximação desses mundos.

Trazendo agora a corporeidade para a associação com a teoria da complexidade, ainda com a preocupação educacional, lembramos que Morin (1986) afirma que ver, perceber, conceber e pensar são termos inseparáveis, interdependentes, e que cada um deles tem a própria carência, a própria falta, o próprio limite. Mais ainda, afirmamos nós, são termos e características constitutivos da corporeidade aprendente.

A corporeidade requer um ver-se a si próprio para melhor ver fora de si quando perspectiva uma educação estruturada na complexidade para a existência humana. O pensamento complexo exige que nos situemos na situação, nos compreendamos na compreensão e nos conheçamos no conhecimento. Daí a difícil arte de pensar, porque, contrariando práticas educativas tradicionais, não há receita para pensar bem.

A vivência da corporeidade não pode estar atrelada à sua aprendizagem conceitual, mesmo porque não estamos à procura de um conceito ou uma resposta prontos. Buscamos, isso sim, por meio da existência, uma motivação, um desafio para o ato de pensar. Ela exige um aspirar à complexidade, tendendo esta ao conhecimento multidimensional, sabendo que a complexidade surge como dificuldade, como incerteza. Aqui vemos a relação da fenomenologia com a teoria da complexidade de Morin (1999, p. 205), uma vez que:

> [...] ele [o conhecimento] não é o objeto puro, mas o objeto visto, percebido e co-produzido por nós. O objeto do conhecimento não é o mundo, mas a comunidade nós-mundo, porque o nosso mundo faz parte da nossa visão do mundo, que faz parte de nosso mundo. Em outras palavras, o objeto do conhecimento é a fenomenologia e não a realidade ontológica. Essa fenomenologia é a nossa realidade de seres no mundo.

Ainda recorrendo a Morin (2000), temos que a corporeidade deve ser educada, em primeiro lugar, para o conhecimento da condição humana. Conhecer o mundo é situá-lo no universo, e não separá-lo dele. O entendimento da corporeidade deve nos levar a reconhecer que todo desenvolvimento humano significa o desenvolvimento conjunto das autonomias individuais, das participações comunitárias e do sentimento de pertencer à espécie humana. Daí a necessidade da essencialidade de uma ética do gênero humano.

A concepção complexa do ser humano, na qual se situa a corporeidade, é constituída por três elementos inseparáveis e co-produtores um do outro: indivíduo, sociedade e espécie. Essa tríade exige que se persiga a humanização da humanidade, o desenvolvimento da solidariedade e da compreensão e o compromisso com o gênero humano. A corporeidade, para sua existência plena, necessita incorporar essa ética para o exercício da cidadania em um mundo democrático — "cidadania" como conceito que supõe a diversidade de interesses, bem como a diversidade de idéias. Dessa maneira, indivíduo-sociedade-espécie podem se constituir a base adequada para uma antropo-ética (Morin, 2000).

Para acatar a idéia da diversidade e exercitar a ética do gênero humano, faz-se necessário reconhecermos a diversidade dos corpos. Ao acreditar que somos corporeidade existencializada, assumimos as relações conosco, com os outros e com o mundo-vida, na perspectiva da individualidade e da inseparabilidade, na tríade comentada. Nesse contexto, lembramo-nos novamente das pessoas com deficiências, reforçando a idéia de que os valores humanos, sociais e culturais referentes a essa população necessitam continuar sendo repensados, ressignificados e divulgados para que possamos, de fato, nos comprometer e incorporar a antropo-ética.

A educação é um dos possíveis caminhos para que esses pensamentos se concretizem, pela abrangência e pelos princípios que divulga, pautando-se: na aceitação das diferenças em que a criatividade e a livre expressão devem ser propulsoras para a descoberta do conhecimento; na socialização e na comunicação interativa para que as diversas experiências do mundo vivido venham a ser despertadas; no respeito às singularidades e particularidades de todos os corpos, possibilitando-lhes uma educação humanizadora e humanizante em que todos formam os elos construtores do processo. Reforçamos esse pensamento com uma idéia de Porto (2005, p. 99) sobre a educação para as pessoas com deficiências, ampliando-a para todos os que dela podem e devem usufruir:

> [...] acredito que esta [a educação] deve se fundamentar na ética, na liberdade de ação, na percepção do outro. Certamente, a percepção e a atenção para com o deficiente, como para com qualquer outro ser humano comum, acontecerão de forma natural, em que o respeito às diferenças existentes entre todos será o a priori de todo o processo.

Por fim, como associar os valores vinculados à corporeidade ao universo do esporte para que também este privilegie uma concepção diferente daquela de corpo apenas eficiente?

CORPOREIDADE EM MOVIMENTO: O UNIVERSO DO ESPORTE

A mudança de valores na relação corpo-corporeidade, quando analisada no fenômeno esportivo, também exige alteração da concepção do tradicional conceito de esporte. Para esse fim, utilizaremos a análise de Bento (2006a, p. 12) sobre o lado fenomenal do esporte, concordando com o autor que essa missão é importante porque "[...] aquilo que não tem ou [não] merece palavras não existe, não é mostrado e tende a desaparecer". Claro está que para nosso propósito vamos explorar a trilha apresentada por esse autor, não nos preocupando com a tradicional análise das mazelas creditadas ao esporte e aos participantes do mundo e do espetáculo esportivo.

O esporte é um fenômeno complexo e nele vários dos tradicionais conceitos podem e devem ser revisados, como o da técnica. Esta deve ser entendida como uma ferramenta a serviço dos valores e do sentido do humano. Sem ela não conseguimos ser verdadeiramente humanos. No esporte, a técnica pode propiciar a criatividade, o exibir da harmonia e da tentativa de perfeição, promovendo inclusive a inspiração. Segundo Bento (2006a, p. 20):

> *Enfim, sem técnica não logramos ser verdadeiramente humanos. Nem no corpo, nem na alma. Sem técnica, os nossos gestos, atos, atitudes e condutas são prisioneiros da baixeza, da rudeza e grosseria dos instintos, da inabilidade e fealdade. Sem ela bem pouco ou mesmo nada poderíamos inventar e escolher com o nosso corpo irrecusável, sujeito como ele é ao destino inexorável de tempo e morte. Bendita seja, portanto, a técnica e bem haja o desporto que ensina, exige e enaltece!*

O esporte propicia à corporeidade experimentar seus limites e suas potencialidades. Nesse universo a relação eu-outro-mundo se consagra e o corpo como um todo se explicita. No esporte, "quer ele seja praticado em terra, na água, no ar, no espaço, ao sol, ao vento, à chuva, ao frio ou no gelo, quer ele seja rendimento ou recreação, espetáculo ou formação, saúde ou condição, ato ou imaginação – o corpo é colorido, vivo, intenso e quente" (Bento, 2006a, p. 19).

Diz, ainda, o autor que no esporte encontramos todos os domínios culturais e, como exemplo, compara o esporte à poesia. Ambos, em campos distintos, preocupam-se em alargar o alcance de nossa sensibilidade, arrancando de nosso íntimo sentimentos, desejos, sonhos, angústias, aspirações. Esportistas e poetas são corporeidades românticas, razão de ambos não possuírem vida fácil. Em sua sensibilidade, Bento (p.22) afirma:

> O desporto cresce nos meus olhos e lava-os com a seiva da emoção que deles brota. Ele e a poesia convidam-nos a olhar para dentro, a conhecermo-nos e a pôr termo à hipocrisia e ao descaso que levam à desumanização. Ambos surgem aos meus olhos ingênuos e puros, leves nos julgamentos e ternos no coração. Quase felizes, de tanto procurar e esperar que a paixão perdure e a felicidade aconteça.

A corporeidade no desporto pode buscar viver a vida em abundância. Quando na prática esportiva ela busca harmonia e ritmo de formas, de gestos, de movimentos executados em excessos ou de forma comedida, exercita a ação de viver, de existencializar o movimento. É caminhar em direção à busca da beleza, da leveza, do ato mágico de transcender. No esporte, a corporeidade é mais, nunca se contentando em ser menos.

No esporte, quer praticado quer assistido, existe a possibilidade de formarmos ou reformularmos a noção de pertencimento urbano. Nele podemos sentir o valor da convivência, de pertencer a um aglomerado, deixando nossa posição habitual de indivíduo e de indiferença.

O esporte é uma arte e o esportista, um artista que vive para criar novos movimentos, uma invenção, destinado a ajudar o ser humano a fazer-se cultura e moral. Assim, ele cumpre duas funções: a do jogo e a da competição. Como jogo, o esporte apresenta a liberdade de objetivos intrínsecos, podendo ser utilizado para propostas extrínsecas como cultivo da saúde, educacão etc. Como competição, ele explicita a alma da vida. Sempre é oportuno lembrar que "o jogo desportivo apresenta-se como um meio de festejar a vida, de disciplinar e colocar a sua violência, grosseria e obscenidade sob leis e normas humanas. Como competição, o desporto serve ao desígnio de submeter o animal de nossa natureza ao primado cultural de nossa condição" (Bento, 2006a, p. 14).

A corporeidade em sua existência é plural, razão de só poder ser entendida e analisada em suas mais variadas perspectivas. No esporte, ela pode estar por diferentes motivos em variadas formas, tal qual o próprio fenômeno esportivo se apresenta, com diferentes vertentes e manifestações.

A corporeidade é vivenciada de forma natural, cultural, científica, caótica, social, assim como pode se apresentar apenas como corpo comercializado, como máquina, treinado na busca de eficiência puramente produtiva. Nessa relação dialógica, mais uma vez Bento (2006b, p. 179) nos alerta:

> *O corpo é lugar de exaltação e destruição do homem, daquilo que de mais sagrado perfaz a nossa humanidade: princípios, valores, direitos, deveres, sentimentos, atitudes, gestos, comportamentos, expressões e afetos. É pelo corpo que nós erguemos e levantamos os olhos ao céu da afirmação e do encantamento; é igualmente por ele que descemos ao inferno da traição e do aniquilamento. [...] É por isso que à nossa volta surge um colorido mosaico de corpos, correspondendo à variedade de gostos e preferências.*

Corporeidade em direção ao movimento no esporte. A busca da presença de um esporte plural, agregador, unificador de dimensões biológicas, motoras, lúdicas, técnicas e táticas, culturais, mentais, psicológicas, afetivas e sociais. É a corporeidade existencializando-se pelo e no esporte.

Esporte que, pelo seu sentido e significado plural, propicia a assunção significante do conhecimento teórico e prático a todos os corpos humanos, independentemente de suas disfunções e limitações. Esporte que, na leitura aqui apresentada, reveste-se do sentido da inclusão, minimizando sua história elitista.

Corporeidade e desporto, aproximação possível e factível, colaborando no processo de humanização do ser humano.

CONSIDERAÇÕES FINAIS

Chegamos ao final desta caminhada, na qual nos movimentamos com o propósito de associar a corporeidade, entendida em seus valores intrínsecos, e o esporte, este em parte ressignificado, distante de seus conceitos tradicionais.

Perseguimos essa meta para demonstrar que a abordagem da corporeidade como tema teórico pode ser realizada na forma de resistência, como já escrevia Gallo (2006). Resistência à cultura do hiperconsumo, ao império do efêmero, à imposição da estética pasteurizada, ao narcisismo sem limites, ao controle generalizado. Corporeidade como um cuidado consigo mesmo, daí a consciência de nossas possibilidades, de nossos limites, de nosso entorno. Corporeidade como uma forma de ser-no-mundo, ainda segundo Gallo (2006), propiciando o exercício de uma vida autônoma, crítica e criativa. Corporeidade, recorrendo mais uma vez a Moreira (2003), que é sinal de presentidade no mundo, que é sopro que virou verbo e encarnou-se, que é presença concreta da vida, fazendo história e cultura e ao mesmo tempo sendo modificada por isso.

Corporeidade sou eu e é você. Corporeidade somos nós, seres humanos carentes, por isso mesmo dotados de movimento para a superação de nossas carências. Corporeidade somos nós na íntima relação com o mundo, pois um sem o outro é inconcebível.

REFERÊNCIAS BIBLIOGRÁFICAS

BENTO, J. O. "Corpo e desporto: reflexões em torno desta relação". In: MOREIRA, W. W. (org.). *Século XXI: a era do corpo ativo*. Campinas: Papirus, 2006a.

_____. "Do desporto". In: TANI, G.; BENTO, J. O.; PETERSEN, R. D. de S. (orgs.). *Pedagogia do desporto*. Rio de Janeiro: Guanabara Koogan, 2006b.

CAPALBO, C. "Corpo e existência na filosofia de Maurice Merleau-Ponty". In: CASTRO, D. S. P. (org.). *Corpo e existência*. São Bernardo do Campo: Umesp-Fenpec, 2003.

GALLO, S. "Corpo ativo e a filosofia". In: MOREIRA, W. W. (org.). *Século XXI: a era do corpo ativo*. Campinas: Papirus, 2006.

LE BRETON, D. *Adeus ao corpo: antropologia e sociedade*. Campinas: Papirus, 2003a.

_____. "Adeus ao corpo". In: NOVAES, A. (org.). *O homem-máquina: a ciência manipula o corpo*. São Paulo: Companhia das Letras, 2003b.

MERLEAU-PONTY, M. *Fenomenologia da percepção*. São Paulo: Martins Fontes, 1994.

MOREIRA, W. W. "Corporeidade é!!!". In: *Croniquetas: um retrato 3 x 4*. Piracicaba: Unimep, 2003.

MOREIRA, W. W. *et al*. "Corporeidade aprendente: a complexidade do aprender viver". In: MOREIRA, W. W. (org.). *Século XXI: a era do corpo ativo*. Campinas: Papirus, 2006.

MORIN, E. *Ciência com consciência*. Rio de Janeiro: Bertrand Brasil, 1999.

_____. *Os sete saberes necessários à educação do futuro*. São Paulo: Cortez; Brasília: Unesco, 2000.

_____. *Para sair do século XX*. Rio de Janeiro: Nova Fronteira, 1986.

NOVAES, A. "A ciência no corpo". In: NOVAES, A. (org.). *O homem-máquina: a ciência manipula o corpo*. São Paulo: Companhia das Letras, 2003.

PORTO, E. T. R. *A corporeidade do cego: novos olhares*. Piracicaba: Unimep/Memnon, 2005.

REGIS DE MORAIS, J. F. "Corporeidade e dimensionamento do futuro". In: MOREIRA, W. W. (org.). *Educação física e esportes: perspectivas para o século XXI*. 13. ed. Campinas: Papirus, 2006.

REZENDE, A. M. *Concepção fenomenológica da educação*. São Paulo: Cortez/Autores Associados, 1990.

RIBEIRO, R. J. "Novas fronteiras entre natureza e cultura". In: NOVAES, A. (org.). *O homem-máquina: a ciência manipula o corpo*. São Paulo: Companhia das Letras, 2003.

8 HABEAS CORPUS

Rui Machado Gomes

INTRODUÇÃO

O título deste artigo — *Habeas Corpus* — pretende pôr em relevo o caráter dúplice do corpo contemporâneo. Por um lado, dá conta do culto ao corpo que confirma cotidianamente que *temos um corpo*; mas, simultaneamente, sublinha as ambigüidades criadas pelo excesso de discursos sobre o corpo. Nesse particular, têm se cimentado duas correntes principais nos debates sobre a corporeidade contemporânea. A primeira postula a hipótese da sobre-representação do corpo, considerando que os excessos de uso metafórico do conceito são o principal motivo para as dificuldades dos discursos críticos; nesse caso, estaríamos permanentemente confrontados com significantes flutuantes do corpo. A segunda corrente afirma a impossibilidade de atingir o significante, restando ao analista elaborar uma réplica inventada do corpo representado.

A utilização do conceito jurídico de *habeas corpus* pretende jogar com essa ambigüidade da presença/ausência que preside hoje os discursos e as práticas corporais. Se, por um lado, o *habeas corpus* confirma que *possuímos nosso corpo*, numa espécie de renovação da sua presença original que apenas pode ser confirmada pelo uso da locomoção própria; por outro lado, pressupõe um ato abusivo ou a ameaça de lesão do uso livre do corpo, numa afirmação de que o corpo tem na ausência "autoritária" o contraponto da presença livre. E essa ausência tanto pode ser provocada por práticas de poder como por discursos de saber.

A identificação do corpo com o *indivíduo* que possui um corpo é basicamente uma invenção moderna. No entanto, o corpo é uma categoria mental de longa duração, bastando para tanto recordar toda a metafísica ocidental baseada nas relações entre exterior e interior, entre o corpóreo visível e o incorpóreo invisível, ou a referência de Hobbes à comunidade política como *body politic* [corpo político]. A categoria *corpo* é o pressuposto geral da ordem moderna, construída mediante sua fixação jurídica como sinónimo de propriedade e liberdade. Todavia, o corpo como propriedade de um sujeito autônomo acabou por justificar também o incremento das intervenções do próprio sujeito e dos outros em sua arquitetura. Como intui Bragança de Miranda (2002, p. 181): "Perversamente, o proprietário está a ficar sem propriedade, fazendo com que o 'corpo' mal consiga sobreviver às forças à solta na modernidade terminal que é a nossa. A actual afirmação do corpo leva, paradoxalmente, à crise do corpo moderno".

Com efeito, a contemporaneidade preside o nascimento de um tempo cotidiano completamente penetrado pela crise do corpo. A busca alargada de um sentido atual e imediato para a vida humana é um de seus principais sintomas: a angústia da idade, as obsessões com a saúde e a forma, os rituais de manutenção e de regime alimentar, a busca das terapias autônomas e a proliferação da automedicação são indicadores do fascínio sem precedentes pelo autoconhecimento e pela auto-realização dos sujeitos. Entretanto, tal reflexividade, impregnada que está de saber médico e psicológico, típico da modernidade tardia, nem sempre acrescenta capacidade de domínio da situação exterior aos atores. Contrariamente, intimida e inibe, freqüentemente, as possibilidades de opção. O maior conhecimento sobre a vida social não parece ter equivalente num maior controle sobre nosso destino. Tal incapacidade, originada pelo excesso de reflexividade, é também a conseqüência da atmosfera de rigidez e imobilidade do todo social. A sociedade parece imune a qualquer mudança, enquanto as reformas permanentes se deslocam para o próprio indivíduo e para o seu corpo. Num momento em que os limites de conhecimento da sociedade no seu conjunto se expressam numa cada vez maior incapacidade de mudar a vida, o conhecimento de cada indivíduo sobre si e as possibilidades de alteração de percurso e de arquitetura corporal que parece assegurar tornaram-se o último reduto dos projetos utópicos. Como também observa Bragança de Miranda (2002, p. 180) "por um lado, dá-se a substituição do 'mundo' pelo corpo, como categoria organizadora das imagens utópicas; por outro, este processo é acompanhado pela crise do próprio 'corpo'. O que não deverá constituir surpresa, pois para o 'corpo' poder ocupar o lugar do mundo é preciso que expluda e se dissipe".

Nesse contexto, assistiu-se nos últimos anos a um desenvolvimento sem precedentes dos discursos sobre o corpo. Entre outros domínios, a sociologia do corpo emergiu como uma área distinta de estudo e pesquisa. No entanto, como sugere Mirzoeff (1995), o corpo tornou-se de tal forma central nos estudos acadêmicos que passou a ser a placa giratória do contato direto entre áreas científicas tradicionalmente divorciadas. Dos estudos médicos aos estudos culturais, do feminismo aos estudos de gênero e *gay studies*, da farmacologia à dietética, da cibernética à história da arte, do estudo da performance humana à cirurgia, da biofísica à dança, da crítica cultural à imagiologia, tudo confirma a ocorrência de uma amplificação do corpo e o fato de esta ser, antes de tudo, uma proliferação de discursos sobre o corpo.

O CORPO COMO LUGAR DE DISCURSOS

A representação que temos do corpo é o resultado de um processo histórico multifatorial. Condicionantes científicas, culturais e técnicas contribuem para a especificidade da forma como o percebemos. Mauss (1973) propôs a noção de "técnicas do corpo" para sublinhar a natureza social das práticas corporais, uma espécie de *habitus* corporal que varia de acordo com fatores sociais tais como a educação, a riqueza, a moda e o prestígio. Mauss (1979) considera a moderna noção de pessoa como um símbolo resultante de uma forma particular de elaboração da personalidade e como um modelo específico de atribuição da subjetividade aos indivíduos. Esse é o resultado da invenção de tecnologias da subjetividade (Foucault, 1988) que conduzem os indivíduos a se relacionar consigo mesmos como sujeitos dos próprios comportamentos e capacidades. Tanto Mauss quanto Foucault recusam uma subjetividade original, uma essência ontológica de cada um. O sujeito não existe fora dos processos sociais, sobretudo os de ordem discursiva que os produzem como seres livres e autônomos. É esse justamente o significado do termo "tecnologias da subjetividade": um conjunto de técnicas de trabalho ético sobre si mesmo que têm na própria noção de subjetividade seu principal efeito.

Nessa visão, a perspectiva do corpo como invólucro de um ser unitário deveria ser abandonada. Em vez de falar de uma entidade intrínseca ao corpo, sugere-se que ele próprio seja o resultado de um específico regime corporal que induz certa relação com o indivíduo incorporado e deste com a noção de corpo como totalidade. Noutros termos, o agenciamento é ele próprio um efeito, o resultado de tecnologias de si que invocam os seres humanos como realidade corporal. Reconhece-se, assim, a necessidade de pensar as condições históricas que tornaram possível ao homem constituir-se a si próprio como objeto de reflexão. Essa relação de domínio de si sobre si, ou de conhecimento de si por si, tem sido estabelecida de diferentes modos. Confissão, solicitude, cuidados corporais, auto-estima são apenas alguns dos procedimentos propostos ou prescritos aos indivíduos no sentido de lhes fixar uma identidade. Em qualquer caso, o corpo é apresentado como propriedade de uma subjetividade da qual dependem a vida e a morte.

O corpo parece hoje ganhar em dignidade e valorização porque se pressupõe o zelo pelo seu bom funcionamento. A medicina desenvolveu um complexo técnico-científico que apresenta a medicina preditiva, baseada no conhecimento genético, como a plataforma da saúde perfeita. Desse modo, os discursos sobre o corpo não podem ser compreendidos senão no interior da ideologia de progresso e perfeição humanos que tem conduzido à progressiva medicalização da sociedade. Essas mensagens promovem o mito da força moral e da vontade como forma de construção das subjetividades contemporâneas. A perfeição biológica tem como contraponto a perfeição moral. As pretensões perfeccionistas escondem práticas e representações contraditórias: por um lado, a compulsão do exercício (*vigorexia*) e da recusa alimentar (*anorexia*); por outro lado, os corpos orgíacos, excessivos na alimentação (*bulimia*) e na recusa do exercício físico. Os primeiros sugerem uma grande tolerância ao sofrimento corporal e à exaustão. As desordens alimentares têm tendência a proliferar num clima cultural assente nas dietas alimentares que propõem freqüentemente a restrição calórica (Bordo, 1993). Os segundos recusam a normalização do corpo e sugerem o excesso. Excesso de comida e excesso de exposição ao risco que os afasta de comportamentos prudentes, do exercício regular e da manutenção de um peso adequado. Como recorda Turner (1996), estamos de novo diante de um pêndulo que oscila entre as forças de Dioniso e Apolo. Grande parte da história cultural da civilização cristã ocidental pode ser sintetizada pelos dois extremos da orgia e do jejum, que têm no culto dionisíaco a expressão do desregramento, da marginalidade e do protesto dos grupos sociais sem privilégios e, no culto apolíneo, a ilustração do controle racional, da restrição e do domínio. Não por acaso, grande parte dos trabalhos que analisam os efeitos do estatuto socioeconômico na prevalência da atividade física em diferentes grupos sociais revela uma evidente assimetria social quanto aos níveis de prática e às repercussões sobre o estatuto corporal (Gomes, 2005c).

Subjacente a essa nova ideologia saudável está a retórica da livre escolha e da autonomia pessoal. Nesse contexto, podemos identificar dois tipos de discursos, com valores aparentemente contraditórios:

- A defesa de um estilo de vida ascético, devotado ao trabalho árduo, à auto-restrição e à disciplina, enquadrado por uma representação do corpo magro e musculoso. As classes médias e superiores procuram formas de distinção corporal assentes na capacidade de obter uma vida sã; por intermédio do autocontrole, da participação em programas de *fitness* e do treino regular, freqüentemente com treinadores pessoais, tentam demonstrar sua superioridade moral e física, distinguindo-se dos grupos de classe baixa.
- A proliferação de práticas assentes num novo regime ético baseado no prudencialismo (O'Malley, 1992). Por meio de técnicas de venda e marketing, o mercado exacerba as ansiedades individuais e coletivas pelo futuro de cada um, encorajando o investimento na qualidade de vida. A ética da maximização do estilo de vida, associada às novas tecnologias de gestão do estilo de vida (o que comer e beber, como o fazer, que exercício realizar e onde, o que vestir etc.), gera um implacável imperativo de autogoverno. Desse ponto de vista, o treino e a prática esportivos não são atividades socialmente neutras, mas formas de regulação social.

O narcisismo pode ser entendido como uma versão neurótica de um novo estilo de vida centrado no *jogging*, nas dietas saudáveis, no controle do peso e na manutenção física. A anorexia, como versão extrema do narcisismo (Turner, 1996), tem, no contexto esportivo, alguns elementos de reflexão interessantes. Os dados sobre a prevalência de distúrbios nos comportamentos alimentares entre as atletas ilustram bem o poder normativo de alguns signos biológicos. O American College of Sports Medicine estima que 65% das mulheres que competem em patinação artística, natação sincronizada e esportes de resistência sofrem de desordens alimentares. A relação entre comida, saúde e aparência física é particularmente importante para a mulher, sobretudo numa sociedade que dá tanto valor à representação de si próprio. Nessa perspectiva, o valor social das mulheres é associado ao seu corpo e expressa-se hoje pelo ideal de magreza. Ser magro, ou *estar na linha*, tornou-se não apenas uma imagem sedutora e atrativa, mas também um símbolo de autocontrole, integridade moral e estatuto social elevado (Marzano-Parisoli, 2001). Essa ortodoxia tende a produzir uma abordagem ascética do esporte e do corpo, convencendo cada vez mais pessoas de que podem modificar e construir o corpo que verdadeiramente desejam. Essa tentativa de atingir a perfeição e a virtude mediante a subordinação da vontade e da "carne" é um comportamento encontrado com freqüência nos sujeitos anoréxicos. Também alguns atletas masculinos tendem a usar métodos extremos para perder peso, mas esses comportamentos são especialmente comuns em esportes que requerem uma figura feminina esbelta. É cada vez mais evidente a existência de comportamentos compulsivos na atividade esportiva.

O RISCO E OS NOVOS VALORES CORPORAIS

Nos anos mais recentes, a esfera pública configurou-se por um credo corporal ancorado no paradoxo de segurança-risco. A segurança é um sintoma do biopoder que nos acompanha desde o século XVII. Fazendo da morte um objeto de apreensão, o poder disciplinar preocupou-se com a sobrevivência, com o prolongamento da vida e com a proteção da higiene pública. Filiado em novas tecnologias políticas do corpo, o biopoder estendeu sua atuação ao conjunto da população em questões como natalidade, fecundidade, velhice e controle das endemias. Hoje em dia, o tema da segurança percorre transversalmente esferas muito diversas da vida, mas todas elas remetem para a antecipação, para a prevenção e para a auto-responsabilização do que acontece em nosso cotidiano. Do lado da segurança, apresentam-se soluções que prometem a saúde física e psicológica: revistas, programas, jornais, publicidade e debates médicos públicos com informações mais ou menos especializadas sobre o modo de reduzir os riscos corporais. O complexo industrial agroalimentar invade todos os campos da vida, incluindo a vida privada, com a generalização da ficha técnica alimentar e de suas indicações comportamentais. Do lado do risco, são cada vez maiores as ofertas de estilos de vida que promovem o álcool, os estimulantes, as drogas de lazer e o sedentarismo. Muitas vezes o risco é procurado deliberadamente nas atividades de aventura na natureza selvagem, no recurso às tecnologias motorizadas, nas atividades físicas intensas e radicais ou nos concursos de sobrevivência em condições extremas.

Ao lado da segurança criada pelas novas tecnologias, que reduzem os medos que há alguns anos caracterizavam a existência corporal, exacerbam-se também as incertezas quanto aos riscos que o futuro anuncia. A noção de risco torna-se central numa sociedade somatizada (Turner, 1992) caracterizada pelo domínio que a noção de preservação do corpo assume no espaço público. A sedutora promessa de uma vida sem doenças, de longevidade sobre-humana, suscita igualmente ameaçadoras visões dos excessos da clonagem ou da incorporação de componentes eletromagnéticos no corpo. A obsessão do risco tem por conseguinte duas faces contraditórias: a uma vitória sobre o que nos pode agredir corresponde quase sempre a possibilidade de um novo risco se intrometer nas soluções tecnológicas encontradas.

O risco apresenta-se em versões bastante contraditórias e paradoxais. Por um lado, procura-se minimizar o risco em todas as áreas. Conseqüência da reflexividade social crescente, as práticas sociais de tipo prudencial são constantemente examinadas e alteradas à luz da informação obtida sobre as próprias conseqüências, de tal modo que o "pensamento e a acção são constantemente refractados um sobre o outro" (Giddens, 1992, p. 29). É neste contexto profundamente racionalizador que os corpos são sujeitos a um grau sem precedentes de monitorização dos riscos. Companhias de seguros, especialistas e políticos introduzem o tema securitário em domínios cada vez mais vastos da vida: medidas da pressão arterial, do colesterol, dos índices de massa corporal, das doenças geneticamente transmissíveis, dos hábitos tabágicos, das doenças familiares e de outro conjunto de parâmetros de avaliação dos riscos potenciais são usadas como formas de controle atuarial ou, simplesmente, como indicadores que devem orientar as políticas de prevenção primária e os programas de educação dos leigos. As estatísticas encarregam-se de alargar os efeitos dessas políticas de controle. Riscos rodoviários, acidentes de trabalho, riscos domésticos, acidentes infantis, incidência dos acidentes vasculares cerebrais ou do cancro são sujeitos a estudos estatísticos que fixam limiares e populações em risco, de modo que antecipem e identifiquem os "locais" mais perigosos, tendo em conta valores médios e normas. As populações, em seu conjunto, são sujeitas a um controle administrativo, mas simultaneamente as estatísticas introduzem na reflexividade social um pensamento individualizado sobre o risco e a responsabilidade individual em seu controle. A prevenção e a redução dos riscos passam a ser empresa da responsabilidade individual.

O vocabulário usado pelos especialistas e pela administração estatal cria, também nos pensamentos mais privados, uma mentalidade de vigilância e decifração das experiências de cada um, desenvolvendo uma nova *sensibilidade terapêutica* (Lipovetsky, 1989). Os conhecimentos ligados às ciências da saúde, da sexualidade ou da atividade física entraram na rotina que ajuda a descrever e a referenciar a vida social. O controle da nutrição e do peso corporal, o conhecimento do valor-padrão da tensão arterial e seu controle, a moderação da atividade sexual e a relação com as doenças sexualmente transmissíveis, a regularidade e intensidade da atividade física e o seu papel na saúde são considerados testemunhos de opções individuais, de estilos de vida e de aparência física. Nessas circunstâncias, o que se come, o exercício que se faz, a monitorização corporal que se segue e a sexualidade que se mantém correspondem a uma escolha pessoal que, supostamente, constrói a narrativa de cada um. Por conseguinte, a doença passou também a estar associada com a insuficiente vontade de cuidar de si. Não fazer exercício, não ser capaz de deixar de fumar, não comer de forma adequada e moderada são considerados déficits volitivos e morais que responsabilizam a própria pessoa por seu bem-estar. As pessoas doentes são mais freqüentemente culpadas de seu estado (Shilling, 1993), as faltas na vigilância própria sobre a saúde são muitas vezes entendidas como desvio (Crawford, 1980) e a obesidade é quase sempre atribuída à falta de vontade.

Ao lado da prudência cresce, no entanto, a paixão pelo risco (Le Breton, 2000). Em muitos casos, este é procurado deliberadamente como forma de aproximação de um sentido da ação e da vida perdido. A vertigem dos "rachas" com automóveis e motos, o desafio da resistência física em travessias marítimas ou em *rafting* nos rios, os concursos de sobrevivência em ilhas isoladas ou altas montanhas expressam bem essa nova mitologia radical de busca do extremo. Segundo Balandier (1988), a democratização do risco resulta da perda de sentido das sociedades contemporâneas e da necessidade de negação metódica da morte. A restauração do sentido da vida, conseqüente a esse sentimento de perda, teria duas respostas alternativas. Por um lado, uma espécie de errância que conduziria a um jogo de dados com a vida: exploração da novidade e do efêmero, valorização da futilidade sem objetivos bem definidos e hedonismo imediatista seriam formas de atribuir significado às experiências em si mesmas. E daí a multiplicação de experiências que envolvam dispêndio de vida, exposição ao risco e nomadismo. Algum do lazer desviante, na perspectiva de Rojek (1995, 1999), estaria nessa categoria. Sendo o corpo apresentado como propriedade de cada um, a opção pela exposição a riscos e, eventualmente, pela morte passou a ser uma entre outras opções possíveis.

Busca e fuga da morte são as faces de uma sociedade confrontada com a crise das grandes narrativas e com a perda de sentido. O outro lado do risco é o enraizamento, a proteção das referências culturais tradicionais, a luta contra a precariedade social e individual. A intensificação da angústia provocada pelo envelhecimento e pela morte pressupõe o zelo pelo bom funcionamento do corpo. A noção de corpo saudável revela também a ansiedade de controle sobre a imagem corporal; o exercício e o controle da alimentação passaram a ser dois elementos inseparáveis do controle. Bem-estar e saúde são os operadores lingüísticos que asseguram a justificação do exercício físico no lazer e a utilização da aparência e da condição física como força produtiva do trabalhador. Interpenetram-se assim a estúpida compulsão do trabalho, de que falava Marx, e a estúpida compulsão do consumo, de que fala Baudrillard. Enquanto no passado o trabalhador procurava no seu tempo livre o contrário do tempo de trabalho, a contemporaneidade assistiu ao nascimento de um tempo cotidiano completamente penetrado pela reprodução alargada da vida humana. A autogestão da saúde põe o sujeito diante da economia do próprio corpo.

A maior parte da recente ênfase na saúde apóia-se na metáfora da *contaminação* do corpo. Com ela proliferam novas imagens da subjetividade dos sujeitos, como o aumento da vigilância aos efeitos biológicos do que comemos, aos banhos de sol que tomamos ou ao ar e à água que consumimos. Simultaneamente, o limiar de suscetibilidade e aversão à degradação corporal aumenta. Os doentes, os velhos e todos os que apresentam marcas corporais de decadência física são excluídos ou ignorados pelo efeito de banalização do olhar repetitivo e rotineiro das cidades. A vontade de os indivíduos dominarem o próprio corpo e o que nele circula tem existido, em maior ou menor grau, no decorrer da história. As mudanças verificadas no ideal de corpo e nos valores morais implicados na saúde estão associadas à ansiedade provocada pela doença e, em especial, à ansiedade provocada pela presença dos "outros perigosos" e ao risco de contaminação das suas doenças (Gilman, 1995). O corpo, por meio de suas marcas visuais, expõe a identidade do sujeito em relação a si próprio, mas também em relação à sociedade e ao grupo em que quer ser reconhecido. Determinar o que é idêntico e excluir o que é diferente faz parte desse processo histórico de constituição das identidades e das alteridades. O desviante pode ser o estrangeiro que surge de fora das fronteiras, mas pode ser também o louco, o criminoso, o doente ou o aberrante em relação aos quais se definem espaços confinados que simultaneamente os encerram e os evidenciam. O hospício, o hospital e a prisão são espaços disciplinares que marcaram esse complexo de poder-saber com uma função também didática. Tal como as imagens diabólicas usadas na Idade Média, elas evidenciam o que deve ser temido e rejeitado, funcionando como advertência ao que a "natureza" humana não deve ser. Foi essa a utilidade dos espaços disciplinares que ajudaram a constituir as noções de loucura, doença e delinquência. Assim, o Estado e outras autoridades, agindo sobre a sociedade, tipificaram e distribuíram espacialmente as atividades humanas entre o que é permitido e o que é ilícito, o que é público e o que é privado, o que é individual e o que é coletivo, o que é trabalho e o que é lazer, produzindo um poder simultaneamente individualizante e totalizante. No entanto, as sociedades de controle atuais abalaram as próprias fronteiras disciplinares baseadas na diferenciação entre público e privado, tornando-as permeáveis e sujeitas à contaminação simultânea. Entre a intimidade máxima, que envolve a exploração das sensações em si mesma, e a exposição pública máxima, que obriga cada um a se revelar, joga-se uma nova noção de espaço público em que a incivilidade e a dissolução dos papéis públicos se insinuam (Lipovetsky, 1989; Sennett, 2002).

A indiferença afetiva em relação ao mínimo de decência da vida do outro é acompanhada da exposição máxima das emoções e dos sentimentos de cada um, embora em novos espaços arquitetônicos ou simbólicos protegidos. É o caso das "novas" atividades corporais de lazer assentes numa particular sensibilidade terapêutica. Certas atividades físicas são bem reveladoras da obsessão moderna do Eu no seu desejo de conhecimento de si, dos seus limites, da revelação íntima do ser verdadeiro ou autêntico. Atividades como a expressão corporal, a ioga, o tai chi chuan, a bioenergia, as técnicas de relaxamento, entre outras, tornam-se um espaço em que o corpo psicológico substitui o corpo objetivo. Fazer existir o corpo para si próprio, reconquistar sua interioridade, tal é o ambiente em que hoje se produzem as representações de si. Representações narcísicas, sem dúvida, mas de um narcisismo normativo pelo qual as tecnologias de conhecimento de si instalam no íntimo de cada um as restrições estabelecidas pelos especialistas. Num sistema personalizado por esse *movimento de consciência*, em que cada um é o responsável último pela sua condição mortal, apenas parece restar ao indivíduo aumentar a confiabilidade do seu corpo, continuar jovem e conservar-se ativo.

DA ÉTICA DO TRABALHO À ESTÉTICA DO CONSUMO

A modernidade tardia marca a passagem de uma comunidade de produtores a uma comunidade de consumidores. Baudrillard (1981) assinalava, na obra *A sociedade de consumo*, que o trabalho constitui também objeto de consumo. Na senda de

Veblen, considera que a abstenção ostensiva do trabalho surge sempre como indício de reputação e de estatuto. Rojek sugere, por seu lado, que o prazer que surge associado ao consumo depende das tensões entre desejo individual e disciplinas coletivas; para Campbell (1987), é o prazer provocado pela tensão entre fantasia e utilidade a verdadeira força motriz do consumo; numa perspectiva um pouco diferente, Appadurai (2004) encontra na tensão entre nostalgia e fantasia a explicação mais adequada para o prazer efêmero do consumidor moderno; finalmente, Bauman (2003) considera que as sociedades atuais passaram da ética do trabalho à estética do consumo.

Bauman (2003, p. 43-70) desenvolve o argumento da passagem de uma sociedade de produtores a uma sociedade de consumidores por meio de um conjunto de mudanças profundas. Em primeiro lugar, o *modo como se preparam e educam os sujeitos* para satisfazer as condições impostas pela sua identidade social. Argumenta o autor que as instituições clássicas de tipo disciplinar caíram em desuso. O tipo de treino proporcionado pelas instituições pan-ópticas — o emprego vitalício na fábrica ou no escritório, o serviço militar obrigatório etc. — já não serve à formação dos novos consumidores. Enquanto a sociedade das disciplinas formatava as pessoas para comportamentos rotineiros e monótonos, eliminando ou limitando as possibilidades de escolha individual, os requisitos necessários a um bom consumidor exigem agora uma subjetividade assente num estado permanente de escolha, avesso a qualquer rotina. Em segundo lugar, o modo de ação da produção e o do consumo têm naturezas muito diversas. Enquanto a produção é uma empresa coletiva que supõe a divisão de tarefas, a cooperação entre os agentes e a coordenação das suas atividades, com os consumidores passa-se justamente o contrário. O consumo coletivo não existe, embora nos espaços de consumo se possam encontrar grandes multidões. Trata-se de uma atividade individual, solitária, que se cumpre no livre jogo individual das sensações e dos desejos. Como afirma Bauman, se a comunidade de produtores era essencialmente platônica, centrada nas regras e na estrutura final das ações, a sociedade de consumidores é basicamente aristotélica, orientada por comportamentos pragmáticos e uma matriz cognitiva flexível. A liberdade de escolha é a medida que estabelece a estratificação na sociedade de consumo. Quanto maior é a liberdade de escolha sem restrições, mais elevada é a posição na hierarquia social. Uma terceira característica que marca a transição da produção para o consumo diz respeito à *ética*. Na feliz síntese de Bauman, nossa sociedade é uma comunidade de cartões de crédito, e não de cadernetas de poupança. A ética protestante do trabalho tem no uso autodisciplinado do tempo, no trabalho duro e na satisfação retardada os princípios fundamentais da automodelação dos sujeitos. O trabalho é um dever acompanhado por uma atitude rígida em relação ao prazer e aos divertimentos. Pelo contrário, a estética do consumo tem na possibilidade de fazer coincidir o momento da escolha com o momento da vivência gratificante a sua principal característica. Por isso, as normas reguladoras do consumo são improcedentes perante uma lógica generalizada de sedução que antecipa novas emoções. Acumular primeiro para adquirir depois deixou de fazer sentido em face da estética do consumo que permeia as experiências intensas. O único critério válido é consumir primeiro para pagar depois, já que a noção de "temporário", "transitório" e "efêmero" marca todo objeto e toda experiência de consumo. A mercantilização do futuro que caracteriza as dívidas do consumidor passa a associar-se intimamente a um trabalho de domínio de si, já que o consumo não se limita a uma perspectiva hedonista de *just fun*, constituindo uma forma básica de autoprodução da identidade.

Appadurai (2004, p. 95-119) desenvolve o pressuposto do consumo como vivência estética. Considerando que a competência para cada um se orientar pelos fluxos temporais abertos do crédito e da compra implica uma nova forma de trabalho, conclui que este não visa sobretudo à produção de mercadorias, mas antes à criação de condições de consciência em que pode ocorrer a compra. O núcleo deste trabalho é aquilo a que Appadurai (2004, p. 117) chama a *disciplina social da imaginação*, a qual está ancorada na incorporação do prazer do efêmero, ilustrada pela "curta vida de prateleira dos produtos e dos estilos de vida; a velocidade com que muda a moda; a velocidade dos gastos; os polirritmos do crédito, da aquisição e da oferta; a transitoriedade das imagens dos produtos na televisão; a aura de periodização que paira sobre os produtos e os estilos de vida na iconografia dos meios de comunicação de massas". O desejo passa a organizar-se em torno da estética do efêmero. Nesse regime de consumo, é no olhar e no próprio corpo que se inscrevem as principais técnicas de autodisciplina e automodelação.

O GOVERNO DO CORPO

Enquanto as políticas educativas dos Estados europeus desvalorizam a educação física escolar, assiste-se ao crescimento de iniciativas comerciais de atividade física. Ao mesmo tempo em que a educação física sofre de uma crise de motivação de seus alunos, crescem as formas alternativas, públicas e domésticas, de exercício. A evidência sugere que a emergência desses projetos privatistas nos últimos vinte anos está ligada ao crescimento da linguagem especializada e dos meios para difundi-los. A proliferação de periódicos dedicados ao *fitness*, à saúde e ao consumo relacionado com o cuidado e o conhecimento do corpo resulta numa nova aliança entre os profissionais que oferecem respostas racionais ao sentimento de incerteza crescente e os indivíduos que procuram um estilo de vida "saudável" que os coloque ao abrigo dos riscos. A intervenção do Estado nesse domínio é progressivamente desvalorizada, como o demonstra o desaparecimento gradual da disciplina de educação física nos currículos europeus dos ensino básico e secundário (Hardman, 2000). A ética associada ao estilo de vida concebe

better equipped to lead calm lives. This is true of people who have never left small towns. One cannot yearn for something they barely know. It appears that the very science and technology that provide us with endless pleasures have also brought with them the embryo of a demanding lifestyle that makes it hard to maintain any kind of serenity[21].

Unarguably, we can now have a much more comfortable lifestyle than a few decades ago. But we are never satisfied, constantly encouraged to be slaves to vanity and its derivatives. We play the competitive game because we are stimulated to do so, because we have moments of weaker self-esteem, and this weakens our convictions. We also take part in all this because we don't know how to deal with peace, serenity, happiness, and lack of worry without feeling threatened and depressed.

There are many ingredients involved in this process, which I have referred to in this and other texts. They are, among others, fear of happiness (a feeling of imminent tragedy when all is well); a tendency to worry about mortality and the uncertainties that define our future (such worries diminish when we are engrossed in some kind of activity, especially of a competitive nature); and an awareness of the cosmic insignificance and total destitution that truly characterize our existence (a painful awareness that prompts us to desperately seek some kind of relative value, a greater value than all others, which reinforces our vanity even while it harms our self-esteem).

21 Our beliefs have been shaken by the speed of the transformations we have witnessed. We feel perplexed and lost, especially because we are always surprised by what happens to us. It's as if we didn't have the slightest idea of the consequences of the advances we have been so prodigal in creating. It seems — and it is probably true — that everything has happened without any premeditation, as if we were victims of processes over which we have no control.

Did the people responsible for inventing drugs such as Viagra consider that older men, more sure of their sexuality, might discover they had the strength to break up marriages that in the past would have lasted forever? Did they think about the repercussions of that in the lives of older women? Or about the consequences of it all for the emotional and sex lives of society as a whole? I think not. It all seems to move forward in fits and starts, taking a casual, uncontrolled path. More recently, there has been some prior reflection on new, very relevant matters, such as cloning and genetic engineering. I hope that these are not isolated moments and that they inaugurate an era in which we think a little before diving head first into innovations with great social consequences.

I believe we suffer constant pressure to change from the outside in, from the social to the psychological. Changes in the social world are moved by technological advances, the fruit of the intelligence of certain men and women, not to mention the cleverness of entrepreneurs. These changes alter our beliefs, and the foundations on which new generations are growing up are very different to those on which their parents grew up. They are very different to us. We need to make the most of these winds that blow in from outside, the indirect fruit of the ideas and advances in knowledge we have generated. These psychological changes may lead to a new way of being. People changed in this manner — even if from the outside in — may, one day, be able to build a fairer social order that respects people's limitations and differences.

thirty three

I would like to reintroduce another important ingredient in this already dramatic scenario, to do with errors in moral reflection which make us see a happy, serene state as unworthy, mediocre or worse. Inherent to the concept of generosity is an "ethic of sacrifice", in which the most virtuous and worthy are those who live hard, long-suffering lives. According to this conception, greatness belongs to those who lead an arid life, always renouncing pleasure, which gives rise to the new pleasure of self-sacrifice.

In other words, **according to the way we were taught to understand morality, those who suffer are more worthy and virtuous; especially those who choose to live painful, difficult lives of their own free will.** I always joke with my more generous patients saying that if they had to choose between two queues, at the end of which they would either get an ice cream or an injection, they wouldn't hesitate to opt for the latter!

It is absolutely imperative that we manage to free ourselves of this terrible conditioning, which imposes on us a life of eternal competition and the active pursuit of greater adversities and more torturous paths. Most of us aren't even able to spend well-deserved holidays chatting with friends by the seaside without ingest-

Evil, Good, and Beyond
Flávio Gikovate

ing a mind-numbing quantity of alcohol — a substance which, like other drugs, seems to make it easier to relax and enjoy doing nothing, among other pleasures. It is naïve to think that we, as a society, can oppose drug use and trafficking when many of us can't even spend a Sunday at home without the help of some kind of alcohol. If we found ourselves with nothing to do on a Tuesday afternoon, how many of us would "be able" to go to the cinema alone to watch the film we've been dying to see that's about to stop showing?

Nothing strikes me as more unfair than the things I have described above, which stop a worthy person — because such impediments only reside within — from enjoying well-deserved, simple moments of pleasure and happiness. Satisfaction is off limits even for smaller pleasures. While it is obvious that selfishness operates in the terrain of unfairness, I think I have managed in the course of this book to demonstrate my view that generosity is part of the same terrain: unfairness.

By way of conclusion I would like to repeat what I have already said: "good" and "evil" are two manifestations of unfairness. The world of fairness — where I think we all should head as fast as we can — has nothing to do with this polarity, much less the age-old dispute between these two factions. The world of fairness is but one and there is room in it for everyone.

um indivíduo autônomo e empreendedor capaz de maximizar o próprio potencial. Doravante, de acordo com as novas racionalidades do liberalismo moderno, não se espera que os futuros cidadãos necessitem de instruções precisas das autoridades políticas, dos especialistas de saúde ou do exercício físico sobre como regular sua existência cotidiana. Esse passa a ser o espaço regulado pelas escolhas de cada um na busca da felicidade individual e da auto-estima.

Para bem compreender a genealogia desse novo gosto pela atividade física que anda a par do abaixamento dos níveis de motivação da atividade física e esportiva escolar, importa fazer uma reflexão mais alargada sobre a forma de governo das sociedades ocidentais, nomeadamente sobre as formas contemporâneas de articulação das relações de poder social com os processos de subjetivação dos sujeitos. Mais especificamente, devemos considerar o modo como as formas contemporâneas de individualismo se encaixam bem na mentalidade de governo moderna, neoliberal, assente no pressuposto de responsabilização dos indivíduos e dos coletivos da "sociedade civil" pelas zonas de risco social como a doença, a pobreza, o desemprego etc.

Na gênese dessa transição social para um modelo que orienta cada um para o cuidado de si e do seu corpo, em nome da saúde, do bem-estar psicológico, do *status* corporal ou da compensação para o estresse profissional, encontramos movimentos tangentes nas suas preocupações comuns, embora sejam muitas vezes contraditórios e não se contenham mutuamente. Identificamos apenas dois desses movimentos: o primeiro diz respeito ao desenvolvimento de uma ético-política que conjectura a responsabilização de cada um para consigo próprio e para com os outros de que já falamos abundantemente; o segundo movimento está ancorado na fragmentação da esfera pública da cidadania dos anos 1980, assente na destotalização da sociedade.

A fragmentação da esfera pública tem na representação do corpo uma forma ficcionada de restauração dos sentidos individual e coletivo perdidos. A destotalização é, antes de tudo, o desenraizamento do sistema de valores e de sentido que permitiam ao homem orientar-se por um sentimento de segurança. Mas resulta também de um mapeamento da sociedade segundo um espaço não homogêneo, cindido em diferentes domínios: do ambiente à sexualidade, da saúde à vida familiar, do consumo à prevenção do risco. Mapeamento conseguido à custa de um escrutínio público cada vez mais desagregado da vida social — nas décadas de 1970 e 1980 foi registrada a proliferação de inquéritos sobre atitudes, valores e sexualidade; estudos de opinião, de produtos e de mercado; estudos dirigidos a grupos ou a públicos-alvo como os jovens, as mulheres, os pobres e as minorias étnicas —, o resultado é a produção desses domínios e comunidades como realidade social. Num segundo plano, cada um desses domínios passou a conter ou a assegurar institucionalmente o aumento das escolhas possíveis. A perda de referências parece estender consideravelmente a margem de ação pessoal. O consumidor tem direito a aconselhar-se sobre a relação custo-qualidade, os sujeitos têm direito a uma opção de orientação sexual, o cliente tem direito à escolha dos serviços, o eleitor tem direito a ser sondado sobre a sua opinião a respeito das eleições, o cidadão prudente tem direito a escolher entre riscos de magnitude diversa, enfim, o cidadão tem direito a pensar segundo uma microética individualista que o confina, progressivamente, ao âmbito restrito da sua ação. Porém, raramente essa capacidade microética de pensar as opções individuais tem competência para pensar ou cobrar responsabilidades numa escala global, isto é, por meio de uma macroética. Os indivíduos sabem as respostas para si, mas não as questões do mundo. O individualismo possessivo substitui a consciência social; o desenvolvimento psicológico toma o lugar do desenvolvimento econômico; a consciência de si ambiciona recolher nela a consciência do mundo. É nesse espaço social marcado pelo aumento das opções, sem a correspondente extensão das capacidades de escolha, que se insere a crescente intervenção dos especialistas. Os especialistas tomaram consciência de que existe um déficit de valores e de moral. Porém, em vez da inculcação de obrigações e de modelos morais validados externamente, o que agora se procura são formas de auto-exame e de autogoverno que conduzam à ativa construção de uma vida ética saudável.

CORPO E NOVAS SUBJETIVIDADES

Essa forma de problematizar a relação entre corpo e subjetividade não pretende apenas restituir o corpo ao seu contexto social, econômico e político. Nossa tese consiste em demonstrar como o exercício corporal funciona como uma *disciplina ética*, por intermédio da qual cada indivíduo se converte em sujeito reflexivo de ação moral. Não se trata de fazer uma sociologia das prescrições morais, mas de captar as práticas de relação com o *self*. O sujeito, ao produzir o próprio corpo, produz simultaneamente novas modalidades de subjetivação, passando a existir, por conseguinte, uma adesão entre a imagem que faz do seu corpo e a consciência que tem dele. O esporte e o movimento, mas também a nudez ou a estetização do corpo, podem constituir novas modalidades de problematização de si em face dos outros e, portanto, situam o corpo como lugar primeiro do sujeito. Desse modo se constroem novos corpos para novas personagens. O que nos interessa na análise da construção das subjetividades por intermédio das práticas corporais são as técnicas utilizadas pelos indivíduos na sua reflexão sobre si e sobre a sua ação, como se conhecem a si próprios e se auto-examinam, enfim, como se perfilam a si mesmos como objetos de melhoria e decifração.

As *técnicas de si* são práticas de reflexão voluntárias por meio das quais os indivíduos procuram transformar a si próprios, fixar regras de conduta e modificar sua singular forma de ser. Trata-se de um dispositivo de autogoverno dos indivíduos, que se exerce continuamente sem necessidade de haver quem governe diretamente a conduta de cada um. A essa mentalidade de governo é suficiente que haja quem se sinta governado e, portanto, comporte-se como se governasse a si próprio, o que exige uma particular forma na construção das novas subjetividades. Foucault (1994) estudou essas tecnologias de subjetivação nos três volumes da *História da sexualidade*, referindo-se a quatro dimensões das *artes de viver*, como eram designadas no século XVIII. Seu esquema pode ser adaptado com vantagem à apreciação sumária da criação de novas subjetividades surgidas nas práticas corporais contemporâneas.

A *primeira dimensão* dessas práticas consiste na especificação da parcela de si relevante para o julgamento ético pessoal. Qual matéria principal da conduta deve ser sujeita ao julgamento ético? Naturalmente, a resposta a essa pergunta tem sofrido variações históricas importantes. O escrutínio que cada um realiza em relação a si próprio pode ter a sexualidade, a alimentação, as intenções ou o caráter como critérios de relevância principais. No caso, a *substância ética* é formada pela necessidade de o indivíduo se redescobrir por meio do corpo. Estabelecer uma relação apropriada entre aspirações, expectativas e auto-realização de ambas parece ser a matéria por excelência de muitas práticas corporais contemporâneas. Grande parte dos que as procuram declaram querer "sentir-se bem com o próprio corpo". A imagem do cidadão prudente, capaz de se responsabilizar pela manutenção do próprio seu corpo, ilustra bem as novas modalidades de autogoverno do corpo. Os lugares-comuns são conhecidos e apresentam uma perspectiva medicalizada, mas também moral, do corpo: devemos utilizar a atenção para nos manter sãos, comer moderadamente, praticar exercício físico regular, ter uma vida sexual saudável, não fumar e daí por diante. Tudo isso num ambiente moral de autonomia, responsabilidade, participação e autocontrole.

A *segunda dimensão* é caracterizada pelos caminhos que levam o sujeito a reconhecer uma obrigação moral. Esta assumiu diferentes formas nas sociedades pré-modernas e modernas: leis divinas e códigos morais, num caso, e melhoria da qualidade de vida ou libertação das potencialidades individuais, noutro caso. De qualquer maneira, a equação que orienta os modos de sujeição moral coloca o pensamento moderno em dualidade: de um lado, o pensamento sobre as normas sociais; de outro, o pensamento sobre a autenticidade das opções individuais. É nesse hiato que se formam novos cenários para a prática ética do sujeito.

A *terceira dimensão* diz respeito às práticas do *self* propriamente ditas, isto é, as formas de elaboração do trabalho ético que cada um efetua na busca do seu eu verdadeiro. Assim, se considerarmos o exercício físico como um espaço-tempo do trabalho de ascese, verificaremos que este pode ser praticado segundo regimes bastante diferentes, que podem assumir a forma de conhecimento de si, cuidado de si ou domínio de si. O conhecimento de si diz respeito às atividades de autoclarificação, que assentam no imperativo de reconhecimento próprio: reflexão sobre a ação e na ação, interpretação cuidadosa do significado pessoal dado aos exercícios, apreciação do progresso da condição física na forma de auto-avaliação. O domínio de si pode ser praticado por intermédio de um controle regular da conduta do sujeito, pelos seus próprios meios ou com a ajuda de terceiros, à qual se aplica um conjunto de operações que visam a certo estado de aperfeiçoamento, de realização ou de sabedoria na utilização das tecnologias corporais como o controle da pulsação e do consumo calórico, a regulação da intensidade do exercício, o controle da dieta alimentar, a memorização da imagem corporal, a interpretação de certos sinais fisiológicos e daí por diante. O cuidado de si refere-se, entre outras coisas, ao que Marcel Mauss designava por técnicas do corpo e Elias (1989) por condutas corporais. Embora, no primeiro caso, o termo contemple sobretudo a clássica descrição dos usos diferenciais do corpo como instrumento técnico em função das culturas, não prescinde também necessariamente dos códigos explícitos que, mais tarde, Elias descreveria com tanta mestria por meio da análise da etiqueta e dos manuais de civilidade. Em qualquer um dos casos, tanto as técnicas quanto as condutas corporais dependem de um específico regime corporal baseado nas formas como os indivíduos monitorizam as funções e ações corporais. Sobre esse tema são especialmente estimulantes as investigações antropológicas e históricas de Brown (1989) e Mauss (1979). Nelas se demonstra como nem todas as capacidades humanas são sujeitas, em todas as épocas e culturas, à problematização moral introspectiva ou, demonstrando a tese *a contrario*, que o alvo de tais problematizações está sujeito a mutações históricas de grande alcance. É particularmente esclarecedora a hipótese enunciada por Brown (1989, p. 178-86), segundo a qual o fato de o Ocidente moderno ter eleito a introspecção da conduta sexual como alvo de controle dos desejos humanos e de elevação espiritual, em vez do vegetarianismo ou das dietas, deve-se mais a uma contingência histórica do que a uma descoberta qualquer de uma parcela, consciente ou inconsciente, do *self*, que apenas por intermédio da conduta sexual moderada se revelaria.

A *quarta dimensão* incide no que Foucault designa por *teleologia* do sujeito moral. Para que uma ação seja ética, não pode ser resumida a práticas pontuais e parceladas, integrando-se num modo de ser a que o sujeito aspira mediante a ação moral. É nessa dimensão que aparece mais nitidamente a distinção entre uma história da moralidade e a análise da ascese. Enquanto a primeira estuda em que medida as ações de certos grupos e indivíduos estão em conformidade com os preceitos e códigos de conduta, a segunda preocupa-se com aquilo que permite a cada um manter o domínio de si e de suas condutas. Não que os códigos não tenham um papel na determinação do modelo de sujeito escolhido. O ascetismo do homem puritano do século XVII pouco tem que ver com a ascese do homem contemporâneo, e isso também por força do código de moral vigente em cada um dos períodos.

A EXPERIÊNCIA DE SI E O AUTOGOVERNO DO CORPO

A educação corporal e a busca da forma física constituem contextos favoráveis à expressão de modos pedagógicos que transmitem certo repertório de experiências de si. Essa experiência de si tem no contexto das práticas corporais — de cuidado de si, manutenção de si, recuperação de si, ativação de si, domínio de si ou conhecimento de si — uma forma especialmente importante de desenvolvimento das subjetividades contemporâneas assentes numa particular sensibilidade clínica. Não se trata, portanto, de analisar os comportamentos, as idéias ou as ideologias, mas as *problematizações* pelas quais o ser se dá como podendo e devendo ser pensado, bem como as *práticas* pelas quais essas problematizações se formam. Primeira regra metodológica: não se consideram as práticas como espaço de possibilidade ou como oportunidades favoráveis para o desenvolvimento da saúde, da "linha" ou do autocontrole, mas como mecanismos de produção da própria experiência de si. Assim sendo, as práticas são eleitas como lugares de constituição da subjetividade, e não como um mero contexto favorável à recuperação das formas de relação consigo mesmo que caracterizariam ontologicamente a subjetividade.

Muitas das práticas de exercício físico sugeridas hoje em dia dizem respeito ao aprofundamento do exame de consciência e à utilização de técnicas de registro. As práticas de lazer desportivo incluem dispositivos pedagógicos, entendidos como os meios que contribuem para constituir ou transformar a experiência que cada um tem de si. Se tomarmos por exemplo as práticas de manutenção física, verificaremos que elas incluem: dispositivos óticos orientados para a auto-observação e para a autovigilância, na qual se determina o que é visível do sujeito para si mesmo; dispositivos discursivos orientados para o estabelecimento daquilo que o sujeito deve dizer acerca de si mesmo; dispositivos morais em que se dão as formas nas quais os sujeitos devem julgar a si mesmos segundo uma norma; dispositivos de domínio que estabelecem o que o sujeito pode e deve fazer consigo mesmo.

Auto-observação: espelhos e instrumentos técnicos que permitem medir a freqüência cardíaca, o consumo calórico, a distância percorrida e a intensidade constituem exemplos de dispositivos óticos orientados para o sujeito ver, ser visto e ver-se; a utilização de fichas de registro individual, em que os indivíduos devem fazer determinado balanço da freqüência, intensidade e qualidade do exercício praticado, é um exemplo dos mecanismos de autovigilância.

Essas técnicas são justificadas, entre outras coisas, pela sua pertinência ao projeto de democratização da atividade. Centrada na autonomia do praticante, a avaliação — e, em especial, a auto-avaliação — assume um papel nuclear nesse regime de autonomia. É nela que a questão da veracidade e o princípio do conhecimento de si se desdobram em práticas de auto-exame. Entre as diversas funções da avaliação, são as que dizem respeito às provas a que o indivíduo se sujeita que se apresentam mais saturadas dos fatores de auto-exame. Muitas dessas atividades são solitárias: certa distância percorrida na esteira ou na bicicleta, a superação do número de repetições de certa carga. Aumento da carga, mais intensidade, dispêndio cada vez maior de energia são sinais de que o indivíduo existe e produz a si próprio. As práticas de treino sugeridas dizem respeito ao aprofundamento do exame de consciência e à utilização de técnicas de registro que confrontam o indivíduo consigo próprio. Ser capaz de se pôr à prova, de se confrontar e se submeter à própria vontade são o evidente propósito da técnica de avaliação.

Dispositivos discursivos: as técnicas contemporâneas de expressão, concentração e relaxamento pressupõem a auto-reflexividade e um discurso do próprio corpo. Temos usado o conceito de psi-atividades como forma de agregação de atividades muito diversas que têm como ponto comum as técnicas de autoconhecimento assentes numa sensibilidade terapêutica, tais como: bioenergia, tai chi chuan, ioga, expressão corporal, massagens, terapias psicofísicas, terapias antiestresse, Gestalt-terapia etc. Assiste-se à redescoberta do "movimento de consciência" por meio do corpo como forma de intensificação e incorporação do mundo em nós. Essa apropriação do corpo pela consciência implica aprender a desvendar suas emoções, exprimir sentimentos íntimos, revelar-se em sua corporeidade primária. Trata-se de uma busca da verdade pessoal que tem no conceito de *si* o nódulo de articulação de todos os discursos restantes: uma construção internamente regulada, que toma a forma de uma narrativa explícita de cada um sobre si, a introjeção e o controle simbólico de atentas terapêuticas corporais. Por exemplo, nas condutas motoras introjetivas de Parlebas é feito um apelo constante à expressão de sentimentos, usando-se nas sessões de praxeologia listas de verbalização que integram sentimentos como raiva, calma, angústia etc. Embora algumas dessas técnicas façam apelo ao vazio e à recusa das convenções, como obstáculos à intimidade, o processo de subjetivação não abole os códigos e as normas e, contrariamente, atualiza-as.

Dispositivos morais: Baudrillard (1976) fala de forma penetrante do "narcisismo dirigido" quando reflete sobre a normalização do corpo — o interesse atual pelo corpo obedece também a imperativos estéticos, dietéticos e sanitários que determinam modelos. A par das técnicas de autocontrole existe uma instância que induz, incita ou impõe. Assim, por exemplo, nos programas de gestão do estresse "exige-se reflexão freqüente sobre as estratégias de pensamento usadas", "estimula-se o sentido de auto-superação", "acompanha-se o praticante na sua reflexão sobre problemas existenciais que o preocupam", convida-se a ultrapassar o mero movimento nas massagens, porque estas são "um ato de comunicação e comunhão profunda de dar e receber". Em síntese, propõem-se a reflexão e a superação. Nesse exame de consciência, a relação do sujeito consigo próprio sofre um dobramento de modo que a descoberta do verdadeiro eu seja possível, não tanto sob a forma de uma relação de punição moral mas de apreciação de um trabalho realizado. É um exame produtivo, e não coercivo; indutor, e não punitivo; corretivo, e não vexatório. Nesse dispositivo, o praticante está confrontado consigo mesmo. O eu-performante está diante do eu-íntimo; o eu que age está sujeito ao escrutínio do eu que reflete durante e depois da ação.

Dispositivos de domínio: o exercício físico, pela atenção escrupulosa que concede ao corpo, pela sua preocupação permanente com a funcionalidade ótima, faz cair a antiga lógica ascética e revela uma nova cultura do eu, na versão moderna do controle progressivo do ser "autêntico". O corpo passa a estar disponível para todas as experimentações (o lema "Just do it" da publicidade é, a esse propósito, significativo) na busca dos meios de ser realmente ele próprio, saudável, esbelto e eternamente jovem. A norma autoritária é substituída pela norma indicativa em que cada um parece ser a origem de opções que apenas receberiam dos especialistas alguns conselhos práticos, campanhas de sensibilização ou exercícios por medida. Nesse contexto, é muito significativa a proliferação de revistas e livros de auto-ajuda com conselhos e prescrições sobre alimentação, exercícios, saúde e sexo.

Aprender a ver-se, a dizer-se, a julgar-se e a sujeitar-se é aprender a fabricar o próprio duplo ou imagem de si. Mas esse duplo não é a projeção espontânea do eu, sendo constituído por uma série de mecanismos de relação: os mecanismos de observação que determinam o que devo ver de mim próprio e como posso ver; os mecanismos discursivos que estabelecem o que posso dizer de mim mesmo e como posso dizê-lo; os mecanismos de avaliação que fornecem as normas e os valores segundo os quais o indivíduo se julga a si próprio; os mecanismos de sujeição que constroem as parcelas e as formas de domínio sobre o ser próprio.

AS TECNOLOGIAS DE SI E A ATIVIDADE FÍSICA

As tecnologias de si são mecanismos de auto-regulação que mobilizam práticas de experimentação, compreensão e julgamento da conduta própria. Tais práticas são realizadas sob tutela de um regime de verdade, seja ele pedagógico, psicológico, terapêutico ou familiar. Em cada um desses campos, o que está em causa é a relação de reciprocidade entre o corpo de conhecimentos e de práticas e a produção do *self*. Melhor que ninguém, Foucault analisou, no seu último período, o processo histórico do desenvolvimento heterogêneo de poderes nas sociedades modernas, para nos permitir a conclusão de que a *obrigação de ser livre e autônomo* se tornou na forma moderna de dominação da subjetividade, cuja eficácia reside na desconexão entre os poderes *centrais* e a regulação interna das esferas institucional, doméstica e individual. Trata-se de um processo heterogêneo e não totalizante, em que as ciências humanas ocupam um lugar central, por que intervêm nos vários segmentos de subjetividade em que o indivíduo circula, reconstruindo-o depois como *eu* autônomo. É importante reconhecer que a proposta central de *Vigiar e punir* (1975), de uma subjetividade à imagem e semelhança da institucionalização das disciplinas — na escola, no asilo, na prisão, nos quartéis, na família —, evoluiu para um projeto de análise do rasgão aberto entre a imposição de controles de conduta e as formas de vida adotadas pelo indivíduo. É precisamente nesse rasgão que as técnicas e o vocabulário das psicociências operam em favor da reconstrução de um sujeito unitário, como fonte primeira da inteligibilidade das suas ações.

Foucault designa o poder como um modo de ação sobre a ação de outros que, assim, estrutura o campo de possibilidades da sua ação. As relações de poder estabelecidas atravessam o conjunto das relações sociais, na forma de jogos estratégicos entre liberdades. Criticando a idéia habermesiana de dissolução das relações de poder por intermédio de uma utópica *comunicação transparente*, considera que todas as relações de comunicação, ao modificar o campo de informações entre as partes, produzem efeitos de poder. As práticas e as tecnologias de poder passam a ser o eixo principal de suas pesquisas, acrescentando as técnicas do *self* às técnicas de produção, de significação e de dominação. Nessa expansão reside o principal deslocamento da sua teorização. Com efeito, enquanto nas investigações anteriores a subjetividade emergia à imagem e semelhança dos poderes individualizantes, agora ela é antes de tudo autoformação e cuidado de si. Nesse sentido, o significado das terapêuticas pedagógicas, corporais e psicológicas reside menos no fato de permitirem a extensão da dominação do que na obrigação de promoverem o ser livre e autônomo.

No contexto da atividade física, tais práticas apresentam características gnósicas (conhecimento de si), de provação (domínio de si) e de preservação (cuidado de si). A categoria *domínio de si* desempenha uma dupla função: permitir a progressão numa aquisição e avaliar o estado a que se chegou. A seqüência e a progressividade são elementos essenciais na atividade física e esportiva porque permitem a ordenação do tempo e a economia na sua utilização. O desejo de racionalizar a atividade do praticante para torná-la mais eficaz é uma constante no exercício físico. As atividades físicas propostas ora decompõem gestos em taxonomias, à maneira de o taylorismo decompor as tarefas industriais (é o caso das máquinas de musculação ou dos exercícios de alongamento), ora optam pelas atividades de aventura auto-reguladas, à maneira dos grupos de trabalho autônomos (é o caso da maior parte das atividades de desafio propostas aos executivos de empresas). Não porque essas correntes da atividade física tenham a mesma origem taylorista, ou pretendam atingir o isomorfismo entre o novo espírito do capitalismo (Boltansky e Chiapello, 1999), centrado nas noções de rede e de projeto, e a organização da produção corporal de si mesmo, mas porque asseguram o mesmo efeito aos que a praticam. No caso do taylorismo: dispensar o supérfluo, constituindo a soberania da prática isolada do atleta, por intermédio de comportamentos verificáveis pelo treinador e controláveis por quem os realiza. Como no princípio de exceção do taylorismo, em que o supervisor só deve intervir excepcionalmente, já que os comportamentos ajustados estão previamente determinados em seqüências segmentadas, também as práticas orientadas por "princípios científicos" do treino determinam etapas intermediárias e seqüenciais que vão permitir a consecução dos comportamentos finais. Os objetivos são ordenados segundo sucessivas etapas de treino, derivando daí objetivos intermediários e objetivos finais. A elaboração de fichas de controle do treino baseadas nas ações a serem realizadas denuncia a dupla observação que neles se inscreve: observação do *personal trainer*, dirigida para a regulação externa; auto-exame do praticante, dirigido para o domínio de si e dos seus comportamentos. A psicologia comportamentalista forneceu um primeiro horizonte a esse olhar duplo com a introdução da noção de ações físicas observáveis. Mas logo se concluiu que estas não permitiam acesso à *caixa-preta*, ao que se passa no mais íntimo de cada um. A psicologia cognitivista veio ampliar sobremaneira o horizonte de observação e de autocontrole. Em especial os que relevam a focalização do treino nas qualidades psicológicas do indivíduo, tais como os níveis de auto-estima. Na verdade, os cognitivistas tornaram o interior de cada um o local por excelência para o exercício da regulação social. O indivíduo autônomo deve, nesse modelo, maximizar o próprio potencial, projetar nele um futuro e aspirar à sua realização. Em ordem a vir a ser o que se quer, o *self* do praticante deve ser capaz de decifrar a si próprio, calcular realisticamente as suas aspirações, identificar o que age sobre si e melhorar-se. Doravante, de acordo com as novas racionalidades do liberalismo moderno, não é suposto que os futuros cidadãos necessitem de instruções precisas das autoridades políticas, dos especialistas de saúde ou do exercício físico sobre como regular sua existência cotidiana. Esse passa a ser o espaço da liberdade regulada pelas escolhas de cada um.

As formas de aprendizagem reflexivas e autobiográficas penetraram também o contexto do exercício físico, as salas dos ginásios e de musculação, os espaços públicos de *jogging*. As práticas de metacognição passaram a fazer parte das situações de exercício: reconhecer a motivação para fazer uma rotina corporal ("Por que quero fazer isso?"), avaliar a auto-estima obtida no curto prazo, verificar a auto-estima no longo prazo, compreender os estados emocionais associados à atração/rejeição experimentada em certas ações motoras de oposição, de cooperação ou de introjeção (praxeologia de Parlebas). Desse modo, as pedagogias *construtivistas*, apoiadas em noções da psicologia cognitivista, requerem uma participação ativa do sujeito não apenas no autocontrole de seus comportamentos, mas, em primeiro lugar, na formação do seu caráter e da sua identidade. A auto-estima e a motivação intrínseca são as instâncias psicológicas nas quais se localiza a substância ética, enquanto os conceitos de capacidade e adaptabilidade são os operadores lingüísticos que asseguram a justificação do exercício físico e a utilização da aparência e da condição física como força produtiva do trabalhador.

Todavia, a manutenção da forma já não é suficiente para viver mais e melhor. Cuidar de si pode servir à aparência, mas esta tem os seus limites. No futuro, cada um esperará determinar-se agindo sobre as causas da aparência. E, por hoje, essas causas encontram-se no projeto genético e molecular. A genética e as neurociências, a cirurgia e os novos materiais à disposição da biofísica ampliaram muito as possibilidades de redesenhar o corpo. Paradoxalmente, a busca da auto-estima, projeto espiritual por natureza, ao confrontar-se com os limites da consciência de cada um, parece querer regressar, como um bumerangue, ao projeto material, aos genes e aos neurotransmissores. Da "essência" psicológica passa-se à "essência" biológica e, desse modo, parece querer ultrapassar-se a verdadeira obsessão da decadência. Alvo de transformações profundas, o corpo é um lugar de sonhos e pesadelos que dá sinais de obsolescência como qualquer outro objeto de consumo. Não falta muito para que os corpos que hoje habitamos, tal como outros objetos da sociedade de consumo, pareçam completamente ultrapassados.

REFERÊNCIAS BIBLIOGRÁFICAS

ANDERS, G. *L'obsolescence de l'homme*. Paris: Ivrea/L'Encyclopédie des Nuisances, 2002.
ANDRIEU, B. *A nova filosofia do corpo*. Lisboa: Instituto Piaget, 2004.
APPADURAI, A. *Dimensões culturais da globalização*. Lisboa: Teorema, 2004.
BALANDIER, G. *Le désordre*. Paris: Fayard, 1988.
BAUDRILLARD, J. *A sociedade de consumo*. Lisboa: Edições 70, 1981.
_____. *L'échange symbolique et la mort*. Paris: Gallimard, 1976.
BAUMAN, Z. *Trabajo, Consumismo y nuevos pobres*. Barcelona: Gedisa, 2003.
BOLTANSKY, L.; CHIAPELLO, E. *Le nouvel esprit du capitalisme*. Paris: Gallimard, 1999.
BORDO, S. *Unbearable weight*. Berkeley: University of California Press, 1993.
BROWN, P. *The body and the society: men, women and sexual renunciation in early Christianity*. Columbia University Press, 1989.
CAMPBELL, C. *The romantic ethic and the spirit of modern consumerism*. Oxford: Basil Blackwell, 1987.
CRAWFORD, R. "Healthism and the medicalization of everyday life". *International Journal of Health Services*, n. 10, p. 365-88, 1980.
DELEUZE, G. *Foucault*. 2. ed. Lisboa: Vega, 1998.
ELIAS, N. *O processo civilizacional*. Lisboa: Dom Quixote, 1989.
FOUCAULT, M. *História da sexualidade*. 3 v. Lisboa: Relógio d'Água, 1994.
_____. *Surveiller et punir*. Paris: Gallimard, 1975.
_____. "Technologies of the Self". In: MARTIN, L. H.; GUTMAN, H.; HUTTON, P. H. (orgs.). *Technologies of the Self*. Londres: Tavistock, 1988, p. 16-49.
_____. *Vigiar e punir*. Petrópolis: Vozes: 2007.
GIDDENS, A. *As consequências da modernidade*. Oeiras: Celta, 1992.
GILMAN, S. L. *Health and illness: images of difference*. Londres: Reaction Books, 1995.
GOMES, R. "A cultura de consumo do corpo contemporâneo e a queda da educação física escolar: reflexões pouco óbvias". In: *O desporto para além do óbvio*. Lisboa: IDP, 2003, pp. 87-99.
_____. "Dilemas e paradojas del autogobierno del cuerpo". *Apunts*, n. 78, p. 33-40, 2004.
_____. "Novos corpos para novas personagens: ensaio sobre a 'manutenção da forma' e o 'cuidado de si'". *Boletim da Sociedade Portuguesa de Educação Física*, n. 30/31, p. 151-62, 2005a.

_____. "O corpo como lugar de lazer". In: GOMES, R. (org.). *Os lugares do lazer*. Lisboa: IDP, 2005b, p. 105-21.

_____. "Tempos e lugares dos lazeres desportivos dos estudantes universitários de Coimbra". In: GOMES, R. (org.). *Os lugares do lazer*. Lisboa: IDP, 2005c, p. 55-76.

_____. "Young bodies identities in leisure: a critical approach". *World Leisure Journal*, v. 47, n. 3, p. 54-60, 2005d.

HARDMAN, K. "Ameaças à educação física, ameaças ao desporto para todos?" *Boletim da SPEF*, n. 19/20, p. 11-35, 2000.

JAMESON, F. (1984, 1991). *Postmodernism or the cultural logic of late capitalism*. Durham: Duke University Press, 1984, 1991.

KERCKHOVE, D. *A pele da cultura*. Lisboa: Relógio d'Água, 1997.

LE BRETON, D. *Passions du risque*. Paris: Métailié, 2000.

LIPOVETSKY, G. *A era do vazio*. Lisboa: Relógio d'Água, 1989.

MARZANO-PARISOLI, M. M. "The contemporary construction of a perfect body image: bodybuilding, exercise addiction, and eating disorders". *Quest*, v. 53, p. 216-30, 2001.

MAUSS, M. "Techniques of the body". *Economy and Society*, v. 2, n. 1, p. 70-88, 1973.

_____. "The category of the person". In: *Psychology and sociology: essays*. Londres: Routledge and Kegan Paul, 1979, p. 57-94.

MIRANDA, J. A. B. *Teoria da cultura*. Lisboa: Edições Século XXI, 2002.

MIRZOEFF, N. *Bodyscape: art, modernity and the ideal figure*. Londres: Routledge, 1995.

O'MALLEY, P. "Risk, power and crime prevention". *Economy and Society*, v. 21, p. 252-75, 1992.

ROJEK, C. *Decentring leisure*. 3. ed. Londres: Sage, 1995, 1999.

SENNETT, R. *El declive del hombre publico*. Barcelona: Península, 2002.

SHILLING, C. *The body and social theory*. Londres: Sage, 1993.

TURNER, B. *Regulating bodies: essays in medical sociology*. Londres: Routledge, 1992.

_____. *The body and society*. 2. ed. Londres: Sage, 1996.

9 OS VALORES DA INTELIGÊNCIA HUMANA NO CONTEXTO DAS ATIVIDADES CORPORAIS: UM MODELO TEÓRICO DA INTELIGÊNCIA MOTORA

Ruy Jornada Krebs

> *"Nec manus, nisi intellectus, sibi permissus, multan valent"*
> [Nem a mão, nem a mente sozinhas, abandonadas a si mesmas, teriam muito valor].
> VYGOTSKY (1978)

INTRODUÇÃO

Sempre que destacamos o assunto sobre valores inerentes às atividades corporais, corremos o risco de retornar à velha abordagem dicotômica de *corpo-mente*. Na filosofia grega ela foi ressaltada no dualismo filosófico-religioso de Platão, que pregava que a natureza do homem era racional e a função do corpo era abrigar a alma. Na filosofia latina, encontramos essa mesma dicotomia nos escritos de Juvenal, que conclamou os cidadãos a louvar uma *mens sana in corpore sano* [mente sã em corpo são]. Essa separação entre os aspectos somáticos do ser humano e seus atributos psíquicos permaneceu implícita nos estudos pioneiros da inteligência humana, cujo grande impulso se deu partir da utilização da escala de inteligência desenvolvida por Alfred Binet, em 1905. O uso dessa escala permitia a avaliação da inteligência humana como um construto de natureza preponderantemente cognitiva. Posteriormente, em 1911, essa escala foi revisada por ele e seu colega Theodore Simon.

Essa acentuada preocupação com a avaliação da inteligência humana pode ser vista como um indicador da sua importância na cultura ocidental. Mesmo que muitos teoristas do desenvolvimento humano tenham criticado o uso da psicometria como uma maneira adequada de avaliar a inteligência humana (Bronfenbrenner, 1979; Sternberg, 1994, 1985; Ceci e Roazzi, 1994), ainda hoje se percebe uma acentuada predileção pela avaliação da inteligência como um construto predominantemente psicológico. Essa tendência pode ser observada principalmente nos sistemas educacionais. Nos contextos em que os programas de educação são desenvolvidos, é possível perceber um desequilíbrio entre a quantidade de atividades preponderantemente intelectuais quando comparadas às de práticas corporais.

Se por um lado as abordagens dicotomizadas de *corpo* e *mente* estão alicerçadas em uma sólida tradição que já vem de muitos séculos, essa última passagem de milênio marcou o surgimento de diversas teorias do desenvolvimento humano que refutam a polarização entre aspectos de natureza mental e de natureza corporal. Exemplos desse fato são as obras *Frames of mind: the theory of multiple intelligences* [Molduras da mente: a teoria das inteligências múltiplas], de Howard Gardner (1983); *Beyond IQ: a triarchic theory of human intelligence* [Além do QI: uma teoria triárquica da inteligência humana], de Robert Sternberg (1985); *Emotional intelligence* [Inteligência emocional], de Daniel Goleman (1995). Em sentido figurado, e com uma pitada de humor, pode-se dizer que essas novas teorias vieram para "libertar o corpo de sua sina platônica de ser apenas a morada da alma".

Entre as teorias contemporâneas na área do desenvolvimento humano, deve-se ressaltar a grande contribuição da biecological theory of human development (teoria bioecológica do desenvolvimento humano), proposta por Urie Bronfenbrenner (2005). A visão de desenvolvimento humano apresentada por esse autor está firmemente ancorada na interação mútua e progressiva entre o ser humano em desenvolvimento, o contexto em que ele está inserto, as dimensões do tempo e os processos de continuidade e mudança que afetam tanto as características da pessoa em desenvolvimento quanto as dos contextos nos quais ela interage com outras pessoas, objetos e símbolos (Krebs, 1995). A idéia que gerou este ensaio foi a possibilidade de analisar os valores associados à motricidade humana, com base nessas novas teorias de desenvolvimento. Essa idéia, no princípio bastante ambiciosa, sofreu algumas delimitações, tanto no que diz respeito à abrangência quanto no aprofundamento da questão da motricidade humana. Assim, o objetivo deste ensaio é discutir os valores da inteligência humana no contexto das atividades corporais e delinear um modelo teórico para discutir a tríade corpo—inteligência—movimento, fundamentada na teoria bioecológica do desenvolvimento humano.

ALGUMAS NOTAS HISTÓRICAS DO MODELO BIOECOLÓGICO

Quando Bronfenbrenner publicou *The ecology of human development: experiments by nature and design* [Ecologia do desenvolvimento humano: experimentos naturais e por delineamento], em 1979, propôs um modelo sistêmico para representar os diferentes parâmetros do contexto. Naquele modelo, o autor não explicitou as características da pessoa e tampouco as dimensões do tempo, apenas descreveu os quatro sistemas que representavam os parâmetros micro, meso, exo e macro dos contextos que direta ou indiretamente afetavam o desenvolvimento humano. Bronfenbrenner usou a denominação de teoria, pela primeira vez, em 1992, quando publicou *Ecological systems theory* [Teoria dos sistemas ecológicos]. Nessa obra, ele refere-se às características pessoais como propriedades da pessoa em uma perspectiva biológica. Essas características foram classificadas em três níveis e faziam alusão tanto à cognição quanto aos atributos socioemocionais e motivacionais. Já nessa classificação Bronfenbrenner deixa bem clara a sua posição de que qualquer avaliação da inteligência humana deve levar em conta as características ambientais nas quais a pessoa avaliada está inserta (Krebs et al., 1997). Ao classificar as características pessoais, Bronfenbrenner usou o termo "competência pessoal". Num primeiro nível de avaliação, a competência pessoal é percebida como um *status* alcançado em determinado ambiente:

> *O primeiro nível refere-se à competência pessoal, a qual é considerada como um status alcançado em determinado ambiente. Essa habilidade é uma especificação das qualidades psicológicas que podem ter capacitado a pessoa a obter determinado status dentro de certo ambiente da vida real. Bronfenbrenner comenta várias situações que podem servir como exemplos de competência pessoal. Um desses exemplos é o status acadêmico obtido no processo de escolarização.* (Krebs et al., 1997, p. 18)

O segundo nível enfatiza a competência avaliada dentro do contexto. Para isso, Bronfenbrenner identificou duas situações: a avaliação é feita sobre a capacidade que a pessoa tem em relacionar-se em todos os contextos em que ela participa; a avaliação considera a capacidade específica que a pessoa tem para lidar com problemas de um ambiente específico. Nessas duas situações a avaliação da competência de uma pessoa é feita por alguém que tenha capacidade para tal. Se no primeiro nível o *status,* por si só, era a referência para a avaliação da competência, no segundo nível a competência era baseada em considerações pragmáticas, que levavam em conta a capacidade de a pessoa resolver problemas reais de seu cotidiano. O último nível para a avaliação da competência humana considera menos os aspectos pragmáticos e está apoiado no pressuposto teórico dos psicólogos soviéticos Vygotsky, Luria e Leontiev. Nesse nível a competência só poderia ser avaliada levando-se em conta as bases culturais que permeavam o ambiente em que a pessoa estivesse inserta.

Se observarmos as referências feitas por Bronfenbrenner às características da pessoa em desenvolvimento, poderemos perceber que, até então, suas definições para competências pessoais estavam mais restritas às características cognitivas, ao temperamento, ao caráter e à personalidade. Dessa forma não ficava explícito como identificar competências de outros domínios que não o psicossocial. Essa lacuna foi preenchida quando ele propôs o *Paradigma bioecológico* (1995), que resgatava suas idéias de modelos *pessoa-processo-contexto* e o modelo do *cronossistema* (1983) e propunha um único modelo *pessoa-processo-contexto-tempo*.

O *Paradigma bioecológico* proposto em 1995 foi renomeado como *Modelo bioecológico* em 1998, quando Bronfenbrenner publicou, junto com Morris, o capítulo "The ecology of developmental processes" [A ecologia dos processos desenvolvimentais], na coletânea organizada por Damon e Lerner, intitulada *Handbook of child psychology: theoretical models of human development* [Livro de psicologia da criança: modelos teóricos de desenvolvimento humano]. Nesse novo modelo foi destacado que, entre os quatro elementos, o *processo* deve ser tomado como o elemento central. Ele explica que esse construto abrange formas particulares de interação, as quais envolvem organismo e ambiente, chamadas de *processos proximais*. Os processos proximais operam sobre um período de tempo e são indicados como os mecanismos primários no desenvolvimento humano. Esses processos variam substancialmente como uma função das características da pessoa em desenvolvimento, dos contextos ambientais imediatos até os mais remotos e dos períodos de tempo, nos quais os processos proximais são desencadeados. Nesse modelo, os atributos da pessoa em desenvolvimento ficam mais explícitos que no modelo de 1983. Esses atributos foram subdivididos em três tipos:

> *O primeiro tipo são as disposições que podem colocar os processos proximais em movimento, em um domínio particular do desenvolvimento, e continuar sustentando essa operação. O próximo tipo são os recursos bioecológicos de habilidade, experiência, conhecimento e destreza, necessários para o funcionamento efetivo dos processos proximais em um dado estágio de desenvolvimento. Finalmente, há as características de demanda, as quais convidam ou desencorajam reações a partir do ambiente social, de um modo que podem fomentar ou romper as operações dos processos proximais.* (Bronfenbrenner e Morris, 1998, p. 995)

Para melhor explicar esses atributos pessoais, Bronfenbrenner e Morris colocam-nos em dimensões positivas e dimensões negativas. Para algumas dessas dimensões existem o pólo ativo e o pólo passivo.

Em 2005, Bronfenbrenner editou *Making human beings human* [Tornando humanos os seres humanos], no qual resgata suas principais obras publicadas nas últimas três décadas. Nesse livro ele apresentou a sua teoria com o nome de bioecological theory of human development (teoria bioecológica do desenvolvimento humano). Em 2006, na última edição do *Handbook of child psychology: theoretical models of human development*, o capítulo apresentado por Bronfenbrenner e Morris na edição anterior (1998) foi atualizado e renomeado como "The bioecological model of human development" [O modelo bioecológico de desenvolvimento humano].

MODELO SISTÊMICO DA INTELIGÊNCIA MOTORA

As atividades corporais têm sido objeto de análise de diversos ramos da ciência do movimento humano. A biomecânica tem se preocupado com a mensuração e o controle de variáveis de forças internas e externas ao organismo humano. Os métodos biomecânicos dependem fortemente de um sistema de valores quantitativos, necessários para a interpretação de dados obtidos em sofisticados modelos computacionais. A fisiologia do exercício avançou bastante no campo da investigação das implicações metabólicas, ventilatórias e cardiorrespiratórias da atividade motora. A aprendizagem motora busca, cada vez mais, incorporar os pressupostos dos sistemas dinâmicos, oriundos da área das ciências físicas, para compreender os processos de aquisição, retenção e transferência de habilidades inerentes à atividade motora. Se observarmos os estudos mais recentes feitos em cada uma dessas três áreas, perceberemos a necessidade de uma abordagem interacionista para atribuir valores mais ecológicos à ciência do movimento humano. Uma tentativa de integrar os diferentes ramos dessa ciência em um modelo sistêmico é apresentada na figura I. Para delinear esse modelo, partiu-se do pressuposto de que as competências humanas inerentes à atividade motora possam ser sintetizadas em um

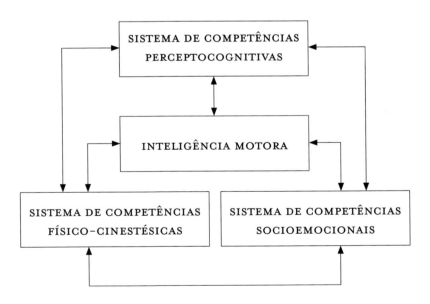

FIGURA 1. Modelo da inteligência motora

atributo denominado *inteligência motora*. Diferentemente das abordagens mais tradicionais da inteligência humana (Krebs, 1995), nas quais a inteligência é apresentada como um construto de natureza psicológica que pode ser quantificada em forma de um quociente intelectual, a inteligência motora deve ser vista como a sincronia de três sistemas interdependentes: sistema de competência perceptocognitiva; sistema de competência físico-cinestésica; sistema de competência socioemocional.

Sistema de competência perceptocognitiva

A percepção e a cognição são componentes clássicos da teoria do processamento de informação, amplamente usados e difundidos na área da aprendizagem motora. Nesse modelo a premissa básica é a de que o ser humano funciona como um processador de informação, em que todo estímulo captado do ambiente externo depende de quatro elementos para desencadear uma resposta motora: os órgãos dos sentidos, responsáveis por receber a informação vinda do ambiente externo; a memória de curta duração, que armazena um número limitado de informação por um curto período de tempo; a memória de longa duração, a qual armazena uma quantidade de informação por um tempo indefinido; o sistema muscular, que recebe energia dos impulsos nervosos para executar as ações motoras. Esses quatro elementos são responsáveis por um estímulo captado do ambiente externo vir a tornar-se uma resposta motora. De maneira geral, pode-se dizer que o modelo opera na seguinte seqüência: um mecanismo de percepção é responsável pela captação do estímulo e sua condução até a memória de curta duração; nesse momento um mecanismo de decisão interpreta a informação, valendo-se da memória de longa duração, e decide sobre a ação a ser realizada; e, finalmente, um mecanismo efetor assume a coordenação neuromuscular (Thomas, 1992).

Se por um lado a teoria do processamento de informação explica exaustivamente a relação entre atenção, percepção e memória, outras relações inerentes ao movimento não são suficientemente esclarecidas. Quanto à atenção, o modelo dessa abordagem reduz a atenção a um mero estado de alerta para captação de estímulos ambientais, ignorando os componentes motivacionais e culturais que podem intervir nesse processamento de informação. Outro fato negligenciado no modelo do processamento de informação está relacionado à escala de polarização dos processos mentais, que se estende de um nível totalmente consciente até o nível totalmente automatizado, que explica o fenômeno de as ações executadas conscientemente se transformarem em ações automatizadas. Enquanto explica claramente o processamento seqüencial da informação, nos casos em que ela é processada paralelamente a outras informações, o modelo do processamento de informação não explica tal fenômeno (Thomas, 1992).

Ao abordar a questão da educação física no contexto escolar, Gallahue (2000) estabelece uma interdependência entre os aspectos motores, cognitivos e afetivos para explicar a aprendizagem, tanto a do movimento quanto a por meio do movimento. Em relação à cognição, ele enfatiza sua importância na aprendizagem de conceitos e, para explicar as implicações da percepção na aprendizagem de habilidades motoras, destaca dois elementos: o mundo espacial, onde estão insertas as consciências corporal, espacial e direcional; e o mundo temporal, que abrange a sincronia, o ritmo e a seqüência. Cratty (1986) estudou o desenvolvimento perceptivo-motor em bebês e crianças e, para isso, delineou um modelo teórico com quatro atributos para explicar como o comportamento humano vai gradativamente modificando-se, em um processo mútuo de integração e diferenciação entre esses atributos, a saber: a cognição; a percepção; a motricidade; a fala. Pelo menos os dois primeiros atributos desse modelo podem ser vistos como competências perceptocognitivas.

Sistema de competência físico-cinestésica

A avaliação das competências físico-cinestésicas tem considerado variáveis relacionadas tanto com a saúde quanto com o desempenho (Bouchard, 2000; Gallahue, 2000, 1996; Gabbard, 1992). No contexto das atividades corporais, as competências relacionadas à saúde e ao desempenho são englobadas para caracterizar o conceito de aptidão física. Esse conceito parece ser um contraponto à aptidão intelectual, e essa diferenciação entre competência física e intelectual pode estar reforçando mais ainda a dicotomia mente-corpo. Nessa visão dicotômica, qualquer avaliação da aptidão física não levará em conta as variáveis percepto-cognitivas e, tampouco, as variáveis socioemocionais.

Embora Bouchard (2000) não tenha explicitado os componentes específicos da aptidão física associados à saúde, isso fica evidente quando ele faz a relação da atividade física de crianças e jovens, com a prevalência de sobrepeso e obesidade entre adolescentes e adultos jovens. Gallahue (2000) enfatiza que as competências que compõem a aptidão física relacionada à saúde são: a força muscular; a resistência muscular; a resistência cardiovascular; a flexibilidade articular; a composição corporal. Já as competências que compõem a aptidão física relacionada ao desempenho são: o equilíbrio; a coordenação; a agilidade; a velocidade; a potência. Com o objetivo de explicar o processo do desenvolvimento motor em crianças e jovens, Gabbard (1992) salienta dois fenômenos relacionados ao sistema de competências físico-cinestésicas: as mudanças no crescimento físico e as mudanças fisiológicas. Quanto ao primeiro fenômeno, ele destaca as implicações das mudanças da estrutura (sistema musculoesquelético) e da composição corporal (os percentuais de massa óssea, massa adiposa e massa muscular) na capacidade motora de crianças e jovens. Em relação ao segundo fenômeno, ele enfatiza a importância do desenvolvimento cardiorrespiratório, das taxas de metabolismo basal, da força muscular e da flexibilidade como reguladores da capacidade de um jovem envolver-se ativamente em práticas corporais.

Se no sistema de competência perceptocognitiva a cognição e a percepção são destacadas como variáveis importantes para a manutenção do sistema, no sistema físico-cinestésico a variável fundamental é a força muscular. Diversos autores dessa área enfatizam o processo do desenvolvimento da força muscular desde os primeiros anos de vida e destacam seu papel no desenvolvimento de padrões básicos de movimento (Gallahue e Ozmun, 1997; Gabbard, 1992; Payne e Isaacs, 1991). As características da força muscular e suas relações com o movimento são classificadas de acordo com a forma pela qual a tensão gerada pelo músculo se manifesta. Quando a tensão é exercida em uma contração parcial ou total, sem uma perceptível mudança no comprimento do músculo, a contração é chamada de isométrica e, conseqüentemente, a força é caracterizada como estática. No caso de o músculo variar seu comprimento durante a ação muscular, a contração é caracterizada como isotônica, e a força gerada é denominada força dinâmica.

Sistema de competência socioemocional

Atualmente é impossível discutir competência emocional sem considerar as idéias inovadoras de Daniel Goleman. Ele propôs um novo paradigma para a inteligência, denominado inteligência emocional. Essa proposta de Goleman (1995) está apoiada em cinco competências: autoconhecimento emocional, que envolve o conhecimento que o ser humano tem de si próprio, de seus sentimentos ou intuição; controle emocional, que é a capacidade de gerenciar os próprios sentimentos; automotivação, que faz que a pessoa coloque suas emoções a serviço de uma meta; reconhecimento de emoções nos outros ou, em outras palavras, ser empático, saber se colocar no lugar do outro; habilidade em relacionamentos interpessoais, que é a capacidade que a pessoa deve ter para lidar com as emoções do grupo.

Mais recentemente, Goleman está orientando suas pesquisas para o estudo do poder das relações humanas. Na mesma medida em que alguns estudiosos buscam desvendar o genoma humano, ele consolida sua idéia de que "é biologicamente impossível um gene operar de forma independente de seu meio" (Goleman, 2006, p. 171). Essa sua posição fica evidente quando ele afirma que:

> *Os genes foram projetados para ser regulados pelos sinais próximos, inclusive os hormônios do sistema endócrino e os neurotransmissores do cérebro, alguns dos quais, por sua vez, são profundamente influenciáveis por nossas interações sociais. Assim como a alimentação regula determinados genes, nossas experiências sociais também determinam um grupo específico de tais interruptores genômicos. Nossos genes, portanto, não são suficientes, em si, para produzir um sistema nervoso que opere de maneira ideal.* (Goleman, 2006, p. 171)

Essa interdependência dos genes com os elementos constituintes do meio em que a pessoa está inserida é explicada por Goleman (2006, p. 369) como uma rede sistêmica, na qual "extensos módulos neurais orquestram nossas atividades ao nos relacionarmos com outras pessoas — consistem em circuitos que abrangem o cérebro como um todo". Essa rede sistêmica foi denominada *cérebro social*.

O sistema de competências socioemocionais está relacionado com a capacidade de uma pessoa interagir efetivamente com outras pessoas e, também, ter controle de suas emoções, tanto com respeito aos outros quanto a si própria. Ao discutir essas capacidades de relacionamentos sociais, Gallahue (2000) enfatiza dois fatores associados às competências socioemocionais: ampliação do autoconceito e socialização positiva. Em relação ao autoconceito o autor explica que esse fator pode ser caracterizado como uma descrição livre acerca dos valores do *eu* da pessoa. Gallahue (1996) enfatiza que o autoconceito começa a ser formado durante a infância e que as crianças geralmente se avaliam em um dos extremos de uma escala delimitada pelos níveis *bom* ou *ruim*. A explicação que o autor dá a essa polarização do autoconceito das crianças tem que ver com sua natureza egocêntrica, que não lhes permite perceber seus pontos fortes ou fracos. Já em relação à socialização positiva, o autor explica que esse processo está associado a comportamentos morais, virtudes e trabalho em equipe.

OS SISTEMAS DE COMPETÊNCIAS E A TEORIA BIOECOLÓGICA DO DESENVOLVIMENTO HUMANO

Usando a teoria bioecológica do desenvolvimento humano (Bronfenbrenner, 2005; Bronfenbrenner e Morris, 2006) como paradigma para discutir os três sistemas de competência que compõem o modelo da inteligência motora, é possível enfatizar os valores das atividades corporais como variáveis dependentes da interação entre esses sistemas. Em relação à tríade atenção—percepção—memória, no modelo bioecológico essas competências são vistas como atributos pessoais que não podem ser analisados independentemente do contexto e do tempo. Os processos de mudança e continuidade que ocorrem nas capacidades humanas de atenção, percepção e memória são denominados por Bronfenbrenner (1995, p. 620) de processos proximais:

> *O desenvolvimento humano ocorre através de processos progressivamente mais complexos de interação recíproca entre um organismo humano, biopsicológico, ativo, e as pessoas, objetos e símbolos em seu ambiente imediato. Para ser efetiva, a interação precisa ocorrer em bases bem regulares e durante extensos períodos de tempo. Tais formas duradouras de interação no ambiente imediato são denominadas de "processos proximais".*

Por serem consideradas atributos da pessoa em desenvolvimento, as competências perceptocognitivas podem ser caracterizadas tanto como uma disposição para engajar-se em determinada tarefa motora quanto como recursos necessários para esse engajamento. Além da possibilidade de serem interpretadas como disposição ou recursos da pessoa, as competências perceptocognitivas podem caracterizar-se como demandas que podem tanto facilitar quanto dificultar o engajamento de uma pessoa numa atividade corporal.

Vistas pelo paradigma bioecológico, as variáveis da aptidão física devem ser interpretadas como inerentes à competência físico-cinestésica, porém sua avaliação deve considerar igualmente as competências perceptocognitivas e socioemocionais. As competências associadas às capacidades físicas e ao desempenho motor podem ser caracterizadas como recursos que o ser humano possui para participar em atividades corporais. Isso fica bem claro no exemplo apresentado por Bompa (2005, p. 85), ao explicar a importância da resistência aeróbia:

> *Uma boa base da resistência aeróbia deve ser estabelecida para prevenir o efeito negativo da fadiga. Baixos níveis de resistência diminuem a capacidade de realizar trabalho de alto padrão, reduzindo o nível de contração, julgamento tático e a capacidade de realizar habilidades técnicas, como passar a bola com precisão.*

No que diz respeito às competências socioemocionais, suas manifestações podem ser percebidas tanto como atributos da pessoa quanto como parâmetros do contexto. O desenvolvimento do autoconceito deve ser avaliado como um processo proximal que depende igualmente das características da pessoa e do contexto, que interagem ao longo do tempo, desde uma dimensão imediata, o microtempo, até outra mais duradoura, o macrotempo.

CONCLUSÃO

Embora as teorias contemporâneas do desenvolvimento humano enfatizem a inteligência como um fenômeno plural, ao contrário de um construto único, no contexto escolar a inteligência humana continua sendo avaliada por meio de atividades exclusivamente cognitivas. As atividades corporais, no contexto escolar, continuam associadas à prevenção e à manutenção da saúde ou às práticas de lazer (que devem ser o contraponto da exaustiva jornada de trabalho intelectual a que os alunos se submetem diariamente).

A teoria bioecológica do desenvolvimento humano oferece um novo paradigma para a discussão dos valores das atividades corporais, não apenas durante a infância e adolescência, mas também durante a fase adulta e o envelhecimento. A abordagem sistêmica dos contextos nos quais as atividades corporais são experienciadas, proposta pelo modelo bioecológico, permite que se estruturem melhor os ambientes onde as pessoas vivenciam as suas atividades cotidianas (na escola, no lar, na comunidade etc.). Além disso, essa abordagem possibilita uma melhor interação entre os valores já existentes numa cultura e aqueles outros valores advindos de outras culturas. Os atributos pessoais, interpretados pelo paradigma bioecológico, podem explicar a indissociabilidade entre atributos de natureza psíquica e aqueles de natureza contextual. Um exemplo disso pode ser percebido quando se relacionam as atividades desenvolvidas em um jogo de futebol com as atividades intelectuais desenvolvidas em uma lição de matemática na qual o assunto seja reversibilidade das operações, noções espaciais etc. A compreensão do tempo, de acordo com esse novo paradigma, explica claramente o impacto que certos eventos têm no desenvolvimento de uma pessoa. Essa nova visão da dimensão temporal mostra a importância que fatos ocorridos durante as atividades corporais possam ter sobre outras atividades, desenvolvidas em outros contextos.

Os valores da inteligência humana no contexto das atividades corporais são inerentes à tríade corpo-inteligência-movimento. A inteligência motora, mostrada no modelo conceitual delineado neste texto, não deve ser vista como uma mera tentativa de ampliar o leque das múltiplas inteligências. Ela é um fenômeno exclusivo das atividades corporais, que transcende as capacidades físicas e as habilidades motoras, e deve ser entendida como uma interação de três sistemas dinâmicos, que operam juntos, cada qual com suas características específicas. É importante ressaltar aqui o princípio fenomenológico de que o *todo não é a mera soma das partes*, pois qualquer mudança ocorrida em um dos sistemas provocará mudanças nos outros dois.

As características específicas de cada um dos sistemas são dependentes dos níveis de consciência corporal, espacial e temporal do ser humano. Para que haja uma mudança na execução de uma tarefa motora, é necessário que alguma(s) característica(s) do sistema de competências perceptocognitivas interaja(m) com alguma(s) característica(s) dos sistemas de competências físico-cinestésicas e socioemocionais. Assim, a inteligência motora é decorrente do entrejogo entre competências de natureza física, psíquica e cultural, e os valores das atividades corporais não poderão, jamais, ser restritos apenas como componentes da prevenção e manutenção da saúde, ou pela sua possibilidade de favorecer o lazer.

A importância de um sistema de competências que sustentem um conceito de inteligência motora está diretamente relacionada aos valores das atividades corporais. Se considerarmos que a prática de atividades corporais nos programas de educação física escolar não pode ser um fim em si mesma, será preciso evidenciarmos quais valores emergem dessa prática. Nesse caso a educação física escolar deverá estar comprometida não apenas com os valores relacionados à aptidão física, mas também com o significado e as implicações que essa prática terá com o desenvolvimento de competências perceptocognitivas e socioemocionais.

Essa importância pode ser ressaltada nos programas de educação física que incluam atividades motoras adaptadas. Para aqueles alunos com limitações físicas, que tenham poucas possibilidades de locomoção, manipulação e/ou equilíbrio, a atividade motora precisa ser adaptada a essas limitações. No entanto, qualquer adaptação de ordem biomecânica, que objetive viabilizar alguma resposta motora, só terá valor se a prática dessas atividades motoras estimular, também, os atributos pessoais inerentes às competências percepto-cognitivas e socioemocionais. Dessa forma, os valores das atividades corporais nos programas de educação motora, dentro ou fora do contexto da escola, não devem ser justificados pelo seu potencial para a promoção e manutenção da saúde, mas principalmente pelo fato de as práticas corporais possibilitarem o desenvolvimento pleno e harmonioso do ser humano.

REFERÊNCIAS BIBLIOGRÁFICAS

BOMPA, T. O. *Treinando atletas de desporto coletivo*. São Paulo: Phorte, 2005.

BOUCHARD, C. *Physical activity and obesity*. Champaign, Ill: Human Kinetics, 2000.

BRONFENBRENNER, U. "Bioecological theory of human development". In: *Making human beings human: bioecological perspectives on human development*. Thousand Oaks: Sage, 2005.

_____. "Development ecology through space and time: future perspectives". In: MOEN, P.; ELDER, G. H.; LÜSCHER, K. (orgs.). *Examining lives in context: perspectives on the ecology of human development*. Washington: American Psychological Association, 1995.

_____. Ecological systems theory. In: VASTA, R. (org.). *Six theories of child development: revised formulations and current issues*. Londres: Jessica Kingsley, 1992.

_____. *The ecology of human development: experiments by nature and design*. Cambridge: Harvard University Press, 1979.

BRONFENBRENNER, U.; CROUTER, A. The evolution of environmental models in developmental research. In: P. Mussen (Series ED.) & W. Kessen (Vol. Ed.), *Handbook of child psychology: Vol. 1. History, theory, and methods* (4. ed., pp. 357-414). Nova York: John Wiley, 1983.

BRONFENBRENNER, U.; MORRIS, P. "The bioecological model of human development". In: LERNER, R. M. (org.). *Handbook of child psychology 1: theoretical models of human development*. 6. ed. Nova York: John Wiley, 2006.

_____. "The ecology of developmental processes". In: LERNER, R. M. (org.). *Handbook of child psychology 1: Theoretical models of human development*. 5. ed. Nova York: John Wiley, 1998.

CECI, S.; ROAZZI, A. "The effects of context on cognition: postcards from Brazil". In: STERNBERG, R. J.; WAGNER, R. K. (orgs.). *Mind in context: interactionist perspectives on human intelligence*. Cambridge: Cambridge University Press, 1994.

CRATTY, B. *Perceptual and motor development in infants and children*. New Jersey: Prentice Hall, 1986.

GABBARD, C. *Lifelong motor development*. Iowa: Brown, 1992.
GALLAHUE, D. L. *Developmental physical education for today's children*. Dubuque: Brown & Benchmark, 1996.
_____. Educação física desenvolvimentista. *Cinergis*, Santa Cruz do Sul: Edunisc, 2000.
GALLAHUE, D. L.; OZMUN, J. C. *Understanding motor development: infants, children, adolescents and adults*. 4. ed. Boston: McGraw Hill, 1997.
GARDNER, H. *Frames of mind: the theory of multiple intelligences*. Nova York: Basic Books, 1983.
GOLEMAN, D. *Emotional intelligence: why it can matter more than IQ*. Nova York: Bantam Books, 1995.
_____. *Inteligência social*. Rio de Janeiro: Elsevier, 2006.
KREBS, R. J. Da estimulação motora à especialização: primeiro esboço de uma teoria da especialização motora. *Revista Kinesis*, n. 9, p. 29-44, 1992.
_____. *Early sport specialization: a conceptual and causal-Comparative study assessing attitudes of Brazilian professionals and college students in sport related disciplines*. 1987. Tese (doutorado) – University of New Mexico, EUA.
_____. *Urie Bronfenbrenner e a ecologia do desenvolvimento humano*. Santa Maria: Casa Editorial, 1995.
KREBS, R. J.; COPETTI, F.; BELTRAME, T. S. "Uma releitura da obra de Urie Bronfenbrenner: a teoria dos sistemas ecológicos". In: KREBS, R. J. (org.). *Teoria dos sistemas ecológicos: um paradigma para o desenvolvimento infantil*. Santa Maria: Edições Kinesis, 1997.
PAYNE, V. G.; ISAACS, L. D. *Human motor development: a lifespan approach*. 2. ed. Mountain View: Mayfield Publishing Company, 1991.
STERNBERG, R. J. *Beyond IQ: a triarchic theory of human intelligence*. Nova York: Cambridge University Press, 1985.
_____. (1994). PRSVL: an integrative framework for understanding mind in context. In: STERNBERG, R. J.; WAGNER, R. K. (orgs.). *Mind in context: interactionist perspectives on human intelligence*. Cambridge: Cambridge University Press, 1994.
THOMAS, R. M. *Comparing theories of child development*. 3. ed. Belmont: Wadsworth, 1992.
VYGOTSKY, L. S. "Mind in society: the development of higher psychological processes". In: COLE, M. *et al.* (orgs.). Cambridge: Harvard University Press, 1978.

OS AUTORES

DAVID RODRIGUES
Professor da Universidade Técnica de Lisboa, Faculdade de Motricidade Humana, Departamento de Educação Especial e Reabilitação. Coordena o Mestrado em Educação Especial e o Curso de Terapias Expressivas. É pesquisador nas áreas da Educação Inclusiva, Educação Especial e Psicomotricidade. Leciona em várias universidades portuguesas (Lisboa, Coimbra, Porto e Açores), é professor convidado na Universidade Católica de Lovaina e conferencista na Espanha, na França e na Itália. Trabalha em projetos europeus na Ucrânia, na Lituânia e na Rússia. Visita regularmente universidades brasileiras, especialmente a Unicamp e a Udesc. Trabalha para a Unesco em projetos de educação inclusiva e é coordenador do Fórum de Estudos de Educação Inclusiva (www.fmh.utl.pt/feei).

É membro do conselho editorial de várias revistas portuguesas e de seis internacionais. É autor e organizador de diversos livros, entre eles *Aprender juntos para aprender melhor* (Feei, 2007), *O corpo que (des)conhecemos* (Edições FMH), *Investigação em educação inclusiva – vol. 1 e 2* (Edições FMH). No Brasil, publicou: *Atividade motora adaptada: a alegria do corpo* (Artes Médicas, 2006), *Inclusão e educação: doze olhares sobre a educação inclusiva* (Summus, 2006), *Os lugares da exclusão social* (Cortez, 2004), com Stephen Stoer e Antônio Magalhães, e *Educação inclusiva e necessidades educacionais especiais* (UFSM, 2005), com Ruy Krebs e Soraia Freitas.

Pertence à rede de peritos europeus em deficiência (Aned) da Comissão Européia e é embaixador paralímpico da seleção portuguesa para o projeto Pequim 2008.

Recebeu em 2007 o prêmio de pesquisa "União Latina".

Contato: drodrigues@fmh.utl.pt

ELINE T. R. PORTO

Graduada em Educação Física e Comunicação Social, é mestre e doutora em Educação Física pela Unicamp na área da Pedagogia do Movimento. É professora dos cursos de graduação e mestrado em Educação Física na Unimep, onde foi coordenadora do Centro de Qualidade de Vida (CQV) durante seis anos. É autora do livro *A corporeidade do cego: novos olhares* e também de diversos artigos acadêmico-científicos publicados em livros e revistas.

Nos últimos anos, tem participado de vários projetos de extensão e pesquisa ligados à área da Corporeidade e Pedagogia do Movimento.

GONÇALO M. TAVARES

É professor universitário e escritor. Leciona nas cadeiras de Epistemologia e Corpo, Cultura e Pensamento Contemporâneo. Fez doutorado nos temas da linguagem, literatura, corporeidade e imaginação. Em dezembro de 2001 publicou sua primeira obra. Em cinco anos recebeu vários prêmios, entre os quais o Prêmio José Saramago 2005 e o Prêmio Millenium Ler/Círculo de Leitores BCP (o mais importante para originais em língua portuguesa), com o romance *Jerusalém* (Caminho).

Vários de seus livros deram origem a intervenções e obras de arte. Estão em curso edições e traduções de quinze de seus livros em vários países. Suas obras são objeto de teses de mestrado e doutorado e fazem parte do currículo de pós-graduações e mestrados.

Contato: gtavares@fmh.utl.pt

JOÃO BATISTA FREIRE

Professor de Educação Física desde 1971. Trabalhou até 1977 em um centro esportivo da cidade de São Bernardo do Campo, com crianças e adolescentes. Em 1976, deu aulas na Escola de Educação Física e Esporte da Universidade de São Paulo. Trabalhou na Universidade Federal da Paraíba até o início de 1986, quando se transferiu para a Faculdade de Educação Física da Unicamp. Após concluir seu mestrado em Educação Física, no ano de 1982, publicou alguns trabalhos, entre eles o livro *Educação de corpo inteiro* (Scipione). Em 1991, terminou o doutorado em Psicologia Escolar e publicou o livro *De corpo e alma*. Depois vieram outras publicações, entre as quais *Pedagogia do futebol*, *O jogo: entre o riso e o choro* e *Educação como prática corporal*.

Atualmente é professor aposentado pela Unicamp e desenvolve o projeto Oficinas do Jogo, um trabalho de formação continuada de professores da rede escolar integrado à extensão e à pesquisa na Universidade do Estado de Santa Catarina. A intenção desse projeto é produzir uma pedagogia lúdica que sustente o argumento de que é possível ensinar as crianças na escola sem desconsiderar sua condição de criança, criando um ambiente lúdico como cenário das aulas.

Contato: mrfreire32@terra.com.br

KÁTIA RUBIO

Bacharel em Jornalismo pela Faculdade de Comunicação Social Cásper Líbero e psicóloga pela PUC-SP. Fez mestrado na

Escola de Educação Física e Esporte (Eefe) da Universidade de São Paulo e doutorado na Faculdade de Educação (FE) da mesma Universidade. É professora associada da Escola de Educação Física e Esporte, onde se dedica à pesquisa e ao ensino dos Estudos Olímpicos e da Psicologia do Esporte.

A aproximação dos Estudos Culturais com a Psicologia Social tem exercido grande influência na obra dessa pesquisadora, que já publicou e organizou diversos livros, além de artigos em periódicos brasileiros e internacionais e capítulos de livros.

Atua como professora-orientadora no mestrado e no doutorado dos programas de pós-graduação da Eefe e da FE e coordena o curso de especialização em Psicologia do Esporte do Instituto Sedes Sapientiae, único reconhecido pelo Conselho Federal de Psicologia.

Contato: krubio@usp.br

MICHELE CARBINATTO

É graduada em Educação Física pela Unicamp, mestre em Educação Física na área de Corporeidade e Pedagogia do Movimento, pela Unimep, com curso internacional de Liderança Esportiva na Gymnastik og Idraetshojskolen ved Viborg (GIV), na Dinamarca. Professora da Faculdade de Vinhedo e da rede oficial da educação básica do Estado de São Paulo.

NORVAL BAITELLO JUNIOR

Norval Baitello Junior é professor da pós-graduação em Comunicação e Semiótica da PUC-SP. Foi diretor da Faculdade de Comunicação e Filosofia da mesma Universidade, onde criou os cursos de Comunicação e Artes do Corpo e de Comunicação em Multimeios. É doutor em Ciências da Comunicação e Literatura Comparada pela Universidade Livre de Berlim. Ministra as disciplinas de Teoria da Mídia, Teoria da Imagem, Semiótica da Cultura e Fundamentos da Comunicação. Em 1992, fundou o Centro Interdisciplinar de Semiótica da Cultura e da Mídia (www.cisc.org.br), o qual dirige. É editor da revista eletrônica *GHREBH – Revista de Comunicação, Cultura e Teoria da Mídia* (www.revista.cisc.org.br). Como professor visitante, ministrou cursos em diversas universidades brasileiras e nas Universidades de Viena e Sevilha. Publicou diversos livros, entre eles *Die Dada-Internationale* (1987), *Dada-Berlim. Des/Montagem* (1993), *O animal que parou os relógios* (1997), *A era da iconofagia* (2005), *Flussers Völlerei* (2007) e *Os meios da incomunicação* (2005).

Contato: norvalbaitello@pucsp.br

PAULO CUNHA E SILVA

É licenciado em Medicina, mestre em Medicina Desportiva e doutor em Ciências do Desporto pela Universidade do Porto (Fade-UP). É professor associado de Introdução ao Pensamento Contemporâneo na Fade-UP.

Seu trabalho de investigação desenvolve-se em torno do problema do corpo e de suas representações. Daí sua relação com o universo das Artes Plásticas, no qual tem sido comissário de várias exposições e desenvolvido atividade crítica com o universo da Dança Contemporânea, do Cinema, do Design e das Ciências do Desporto como teórico, ensaísta, júri de vários prêmios e orientador de trabalhos acadêmicos (mestrado e doutorado). Escreveu *O lugar do corpo: elementos para uma cartografia fractal"* (Edições Piaget, 1999).

Desde 1990, tem promovido, na Fundação de Serralves (e em outras instituições culturais portuguesas e internacionais, como a Fundação Gulbenkian e a Trienal de Luanda), atividades interdisciplinares em torno dos grandes temas da cultura contemporânea.

Foi, ainda, o responsável, no âmbito do Porto 2001 – Capital Européia da Cultura, pela programação das áreas de Ciência, Literatura e Livros, Projetos Interdisciplinares e Articulação com

Roterdã. Foi diretor do Instituto da Artes do Ministério da Cultura de Portugal entre setembro de 2003 e setembro de 2005.

Contato: pcsilva@fade.up.pt

REGINA SIMÕES

Doutora em Educação Física e professora dos programas de graduação e mestrado em Educação Física da Unimep e da PUC-Campinas. Autora e organizadora de vários livros, entre os quais *"O fenômeno esportivo no início de um novo milênio"*, *"Esporte como fator de qualidade de vida"*, *"Educação física: intervenção e conhecimento científico"* e *"Corporeidade e terceira idade"*.

RUI MACHADO GOMES

Doutor em Ciências da Educação pela Universidade Técnica de Lisboa e agregado em Pedagogia e Didática pela Universidade de Coimbra. Professor catedrático e presidente do conselho científico da Faculdade de Ciências do Desporto e Educação Física da Universidade de Coimbra, exerceu ao longo da década de 1990 funções docentes na área da educação na Universidade de Lisboa. Coordena a Licenciatura em Educação Física e os mestrados em Lazer e Desenvolvimento Local e em Ensino da Educação Física na Universidade de Coimbra. Mantendo investigação na Sociologia da Educação, dedica-se atualmente à Sociologia do Corpo e do Lazer e é responsável pela linha de investigação Corpo e Novas Subjetividades do Centro de Estudos Biocinéticos, do qual foi coordenador (2004-2006).Seus livros mais recentes são *O governo da educação em Portugal* (2005) e *Os lugares do lazer* (2005).

Contato: ramgomes@gmail.com

RUY JORNADA KREBS

Licenciado em Educação Física pela Universidade Federal do Rio Grande do Sul, possui mestrado em Educação Física pela University of Iowa, mestrado em Administração Esportiva pela University of New Mexico, doutorado em Educação Física pela University of New Mexico e pós-doutorado em Desenvolvimento Motor pela Indiana University.

É professor e coordenador do Laboratório de Desenvolvimento e Aprendizagem do Centro de Educação Física, Fisioterapia e Desportos da Universidade do Estado de Santa Catarina, presidente da Sociedade Brasileira de Comportamento Motor (2007-2008) e membro vitalício da Honor Society Phi Kappa Phi da Associação de Universidades Norte-Americanas. Recebeu a distinção acadêmica The Wall of Honor da University of New Mexico.

Contato: d2rjk@udesc.br

WAGNER WEY MOREIRA

Graduado em Educação Física e mestre em Filosofia da Educação pela Unimep, doutor em Psicologia Educacional e livre-docente em Educação Física pela Unicamp.

Exerceu as funções de diretor-adjunto e coordenador do curso de graduação da Faculdade de Educação Física da Unicamp e foi diretor e coordenador do curso de mestrado da Unimep.

Escreveu e organizou vários livros, entre os quais *Educação física e esportes: perspectivas para o século XXI*, *Qualidade de vida: complexidade e educação* e *Século XXI: a era do corpo ativo*, todos pela Papirus.

Ministra as disciplinas O Fenômeno Corporeidade e Corporeidade e Qualidade de Vida nos cursos de graduação e mestrado da Unimep e é coordenador do Núcleo de Pesquisa Corporeidade e Pedagogia do Movimento (Nucorpo) da mesma instituição.

Contato: wmoreira@terra.br

leia também

INCLUSÃO E EDUCAÇÃO
DOZE OLHARES SOBRE A EDUCAÇÃO INCLUSIVA
David Rodrigues (org.)

Desenvolver uma escola que rejeite a exclusão e promova a aprendizagem conjunta e sem barreiras. Trata-se de um objetivo ambicioso e complexo porque a escola sempre conviveu com a seleção, e só aparentemente é "para todos e para cada um". Aqui, doze especialistas apresentam suas perspectivas sobre o tema, abrindo horizontes para que os professores reflitam sobre a sua prática.
REF. 10078   ISBN 85-323-0078-2

JOGO E PROJETO
PONTOS E CONTRAPONTOS
Valéria Amorim Arantes (org.), Lino de Macedo e Nílson José Machado

Neste livro, os autores desenvolvem, de forma crítica, sistemática e objetiva, idéias sobre as complexas relações entre *jogo e projeto*. No diálogo que estabelecem, cruzam perspectivas divergentes e convergentes, integram novos elementos e significados à discussão, ampliam os horizontes da temática e sinalizam novas formas de organização do pensamento e das práticas educativas cotidianas.
REF. 10735   ISBN 85-323-0735-3

EDUCAÇÃO E VALORES
PONTOS E CONTRAPONTOS
Valéria A. Arantes (org.), Josep Maria Puig e Ulisses F. Araújo

Qual a origem da moralidade? Como se dão os processos de construção e/ou apropriação de valores? Como formar moralmente os alunos? Podem, escola e educadores, ensinar valores? Os autores desta obra debatem, entre outros assuntos, os processos psicológicos que levam à construção de valores, a influência da afetividade em tais processos, o papel da religião na educação moral e o conceito de inteligência moral.
REF. 10335   ISBN 978-85-323-0335-6

EDUCAÇÃO DE SURDOS
PONTOS E CONTRAPONTOS
Valéria Amorim Arantes (org.), Regina Maria de Souza e Núria Silvestre

Quarto volume da coleção Pontos e Contrapontos, esta obra discute as conseqüências da inclusão da língua brasileira de sinais nos cursos de formação de professores. O tema suscita discussões: como manter o equilíbrio entre a língua oral e a de sinais? Qual a posição do implante coclear nesse processo? Podem, a escola e a família, impor ao surdo uma dessas linguagens? Livro fundamental para a era da inclusão.
REF. 10400   R$ 38,90   ISBN 978-85-323-0400-1

IMPRESSO NA
sumago gráfica editorial ltda
rua itauna, 789 vila maria
02111-031 são paulo sp
telefax 11 **6955 5636**
sumago@terra.com.br

------------------------------ dobre aqui ------------------------------

CARTA RESPOSTA
NÃO É NECESSÁRIO SELAR

O SELO SERÁ PAGO POR

AC AVENIDA DUQUE DE CAXIAS
01214-999 São Paulo/SP

------------------------------ dobre aqui ------------------------------

OS VALORES E AS ATIVIDADES CORPORAIS

summus editorial

CADASTRO PARA MALA-DIRETA

Recorte ou reproduza esta ficha de cadastro, envie completamente preenchida por correio ou fax, e receba informações atualizadas sobre nossos livros.

Nome: _____ Empresa: _____
Endereço: ☐ Res. ☐ Coml. _____ Bairro: _____
CEP: ____-____ Cidade: _____ Estado: _____ Tel.: ( ) _____
Fax: ( ) _____ E-mail: _____ Data de nascimento: _____
Profissão: _____ Professor? ☐ Sim ☐ Não Disciplina: _____

1. Você compra livros:
☐ Livrarias ☐ Feiras
☐ Telefone ☐ Correios
☐ Internet ☐ Outros. Especificar: _____

2. Onde você comprou este livro? _____

3. Você busca informações para adquirir livros:
☐ Jornais ☐ Amigos
☐ Revistas ☐ Internet
☐ Professores ☐ Outros. Especificar: _____

4. Áreas de interesse:
☐ Educação ☐ Administração, RH
☐ Psicologia ☐ Comunicação
☐ Corpo, Movimento, Saúde ☐ Literatura, Poesia, Ensaios
☐ Comportamento ☐ Viagens, *Hobby*, Lazer
☐ PNL (Programação Neurolingüística)

5. Nestas áreas, alguma sugestão para novos títulos? _____

6. Gostaria de receber o catálogo da editora? ☐ Sim ☐ Não

7. Gostaria de receber o Informativo Summus? ☐ Sim ☐ Não

Indique um amigo que gostaria de receber a nossa mala-direta

Nome: _____ Empresa: _____
Endereço: ☐ Res. ☐ Coml. _____ Bairro: _____
CEP: ____-____ Cidade: _____ Estado: _____ Tel.: ( ) _____
Fax: ( ) _____ E-mail: _____ Data de nascimento: _____
Profissão: _____ Professor? ☐ Sim ☐ Não Disciplina: _____

Summus Editorial
Rua Itapicuru, 613 7º andar 05006-000 São Paulo - SP Brasil Tel. (11) 3872-3322 Fax (11) 3872-7476
Internet: http://www.summus.com.br e-mail: summus@summus.com.br

recorte aqui

cole aqui